Università Popolare di Roma studi Giuridici, Economici e Sindacali
Via Ezio, 12 – 00192 Roma
Tel 065040172 – fax 06233227169
www.uproma.com

I CONGEDI PARENTALI

NEL

COMPARTO SCUOLA

Aggiornato alla Direttiva n. 2010/18/UE adottata dal Consiglio l'8 marzo 2010

A cura di

Regis Anna Maria

Roma, Luglio 2010

AUTORE

Regis Anna Maria è nata a Roma il 30/09/1965 é Laureata Scienze dell'Educazione, collabora con l'Università Popolare per gli Studi Giuridici Economici e sindacali. È membro eletto del direttivo Nazionale del sindacato FSI e fa parte del coordinamento nazionale del comparto FSI SCUOLA. Dal 2003 ad oggi è stata Rappresentante per la sicurezza dei lavoratori e rappresentante sindacale dell'istituto di servizio.

Ha collaborato alla scrittura del CCNL 2006/2009 a cura dell'avv. Danza, gestisce il sito www.scuola.fsinazionale.it ed è responsabile dello staff tecnico Nazionale per le consulenze.

Cura la sezione Sicurezza Scuola nel sito www.uproma.com.

Ha scritto e pubblicato sul sito www.uproma.com l'articolo: "I limiti e le responsabilità imposte dalla normativa scolastica nella formazione delle classi ai Dirigenti Scolastici".

3

6

PREMESSA

Con l'emanazione del decreto Legislativo 26 marzo 2001 n. 151, vengono disciplinati in modo organico i congedi, i riposi, i permessi delle lavoratrici e dei lavoratori in maternità e paternità, ed il loro sostegno economico. Il suddetto decreto, oltre a raccogliere e coordinare norme di varia origine, adduce modifiche significative, prevede deroghe in melius[1] e apporta cambiamenti nella terminologia tradizionale[2]. Dall'entrata in vigore del d.lgs 151/01 il congedo di maternità e paternità prende il posto dell'astensione obbligatoria; i congedi parentali sostituiscono l'astensione facoltativa; i riposi giornalieri del padre e della madre sostituiscono i permessi per allattamento. Viene poi utilizzato il termine lavoratrice e lavoratore, per indicare il dipendente e il termine indennità per indicare i trattamenti economici.

---

[1] Art.1 c.2, Decreto Legislativo 26 marzo 2001, n. 151. Per il personale della scuola le deroghe in melius sono contenute nel CCNL sottoscritto il 29/11/2007, art. 12 (personale a tempo indeterminato) e art. 19 c.14 (personale tempo determinato).
[2] Art.2, Decreto Legislativo 26 marzo 2001, n. 151

1 CONTROLLI PRENATALI

Le lavoratrici gestanti hanno diritto a permessi retribuiti per effettuare esami, accertamenti o visite mediche specialistiche. Per la fruizione degli stessi è necessario presentare apposita richiesta al datore di lavoro e, successivamente, presentare documentazione giustificativa con data ed orario dell'effettuazione dell'esame o visita o accertamento[3].

2. CONGEDO DI MATERNITA' E PATERNITA'

2.1 MATERNITA'

2.1.1 CONGEDO MATERNITA'

Le lavoratrici gestanti non possono essere adibite al lavoro durante i due mesi precedenti la data presunta del parto e durante i tre mesi dopo il parto, salvo il caso in cui la lavoratrice richieda la flessibilità[4].
Se il parto avviene oltre la data presunta, va aggiunto il periodo intercorrente tra la data presunta del parto e la data effettiva.
Prima dell'inizio del periodo di divieto di lavoro le lavoratrici devono consegnare al datore di lavoro il certificato medico indicante la data presunta[5] del parto.
Dopo il parto la lavoratrice è tenuta a presentare, al datore di lavoro entro trenta giorni, il certificato di nascita del figlio, o la dichiarazione sostitutiva, ai sensi

---

[3] Art. 14, Decreto Legislativo 26 marzo 2001, n. 151
[4] Art. 20, Decreto Legislativo 26 marzo 2001, n. 151
[5] La data presunta fa stato, nonostante qualsiasi errore di previsione.

9

dell'articolo 46 del decreto del Presidente della Repubblica 28 dicembre 2000, n.445.[6]
In caso di parto gemellare o plurimo i periodi di congedo di maternità non si raddoppiano.

In caso di parti successivi a distanza di un anno spettano due distinti periodi di congedo di maternità in relazione a ciascun parto.
Le lavoratrici con contratto a tempo indeterminato, nei periodi di congedo di maternità hanno diritto all'intera retribuzione fissa mensile, nonché alle quote di salario accessorio fisse e ricorrenti che competono nei casi di malattie superiori a 15 giorni consecutivi o in caso di ricovero ospedaliero e per il successivo periodo di convalescenza post-ricovero, secondo la disciplina di cui all'art. 17, comma 8 del CCNL 29.11.2007.[7]
Tale periodo è da considerarsi servizio a tutti gli effetti.
Le lavoratrici con contratto a tempo determinato supplente annuale (al 31.8 su posto vacante o al 30.6 su posto disponibile) o la supplente temporanea con nomina del dirigente scolastico, per i periodi di congedo di maternità in costanza di rapporto di lavoro ha gli stessi diritti previsti per le lavoratrici a tempo indeterminato.
La lavoratrice che al momento della stipula del contratto già si trova in congedo di maternità, quindi impedita ad assumere servizio, ha diritto alla supplenza, alle eventuali proroghe[8], e all'intera retribuzione. Per perfezionare il rapporto di lavoro è necessaria da parte del docente una semplice accettazione, non essendo più richiesta l'effettiva assunzione del servizio[9].

---

[6] Art. 21, Decreto Legislativo 26 marzo 2001, n. 151
[7] Art. 12 c. 2, CCNL 2006/2009
[8] Art. 12 c. 2, CCNL 2006/2009
[9] MEF nota 33950 del 24 marzo 2009 inviato il 25.3.09 a tutte le Ragionerie dello Stato: "... la lavoratrice madre che riceve un incarico di supplenza

La lavoratrice, che incorre nella risoluzione del contratto, per scadenza del termine della supplenza, per l'intero periodo di congedo di maternità, spetta l'indennità di maternità pari all'80% dello stipendio. Tale indennità spetta, anche se, non sono trascorsi più di 60 giorni tra la fine della precedente supplenza e l'inizio dell'astensione obbligatoria, sia nel caso ci sia stata la presa di servizio sia ci sia stata una semplice accettazione della supplenza. Qualora il congedo di maternità abbia inizio trascorsi sessanta giorni dalla risoluzione del rapporto di lavoro e la lavoratrice si trovi all'inizio del periodo di congedo stesso disoccupata e in godimento dell'indennità di disoccupazione, ha diritto all'indennità giornaliera di maternità, anziché all'indennità ordinaria di disoccupazione.

La lavoratrice, con inizio congedo di maternità oltre i sessanta giorni, che non è in godimento dell'indennità di disoccupazione, perché nell'ultimo biennio ha effettuato lavorazioni alle dipendenze di terzi non soggette all'obbligo dell'assicurazione contro la disoccupazione, ha diritto all'indennità giornaliera di maternità, purché al momento dell'inizio del congedo di maternità, non siano trascorsi più di centottanta giorni dalla data di risoluzione

conferito nel periodo di astensione obbligatoria dal lavoro ha diritto,dalla data di stipula del contratto,allo stesso trattamento economico previsto per il personale assunto a tempo indeterminato. Il rapporto di lavoro si perfeziona con la semplice accettazione della nomina risultante ininfluente la presa di servizio" "... si ritiene che per poter usufruire del congedo parentale non sia necessaria la presa di servizio. Infatti, sempre in costanza della durata del contratto di lavoro , il soggetto, al fine di ottenere i periodi di congedo parentale, dovrà presentare la relativa domanda di norma nel rispetto del termine di quindici giorni prima della data di decorrenza del periodo di astensione, ciò anche a mezzo di lettera raccomandata con avviso di ricevimento, a norma dell'art. 12, comma 7 del CCNL del 24.07.2003

del rapporto e, nell'ultimo biennio che precede il suddetto periodo, risultino a suo favore, nell'assicurazione obbligatoria per le indennità di maternità, ventisei contributi settimanali.[10]

Per il diritto alla pensione e per la determinazione della misura stessa, i periodi di congedo di maternità, in costanza di rapporto di lavoro, non richiedono alcuna anzianità contributiva pregressa ai fini dell'accreditamento dei contributi figurativi, mentre i periodi in assenza di rapporto di lavoro, possono essere riconosciuti ai fini del raggiungimento della contribuzione utile per la pensione, solo se la lavoratrice presenta un'apposita istanza per il tramite della scuola di servizio, alla sede territoriale Inpdap competente[11].

All'atto della domanda, la lavoratrice deve poter far valere almeno cinque anni di contribuzione versata in costanza di rapporto di lavoro. I periodi corrispondenti ai congedi, per i quali può essere concesso il

---

[10] Art. 24, Decreto Legislativo 26 marzo 2001, n. 151

[11] Art. 25 c. 2, Decreto Legislativo 26 marzo 2001, n. 151: "...In favore dei soggetti iscritti al fondo pensioni lavoratori dipendenti e alle forme di previdenza sostitutive ed esclusive dell'assicurazione generale obbligatoria per l'invalidità, la vecchiaia e i superstiti, i periodi corrispondenti al congedo di maternità di cui agli articoli 16 e 17, verificatisi al di fuori del rapporto di lavoro, sono considerati utili ai fini pensionistici, a condizione che il soggetto possa far valere, all'atto della domanda, almeno cinque anni di contribuzione versata in costanza di rapporto di lavoro". La contribuzione figurativa viene accreditata secondo le disposizioni di cui all'articolo 8 della legge 23 aprile 1981, n. 155, con effetto dal periodo in cui si colloca l'evento. Tale beneficio di tipo pensionistico entra in vigore il 27/04/2001 . Istruzioni con informativa INPDAP 28/02/03 n. 8 e 11/03/03 n. 15. A norma dell'art. 2 c. 504 della l. 24/12/2007 n. 244, le stesse non hanno effetto retroattivo e quindi si applicano solo agli iscritti in servizio alla data di entrata in vigore Dlgs 151/2001: questa è interpretazione autentica che modifica quella precedente, suffragata dalla sentenza della Corte dei conti – SS.RR. n. 9/2006 del 14/07/2006.

riconoscimento sono: i due mesi precedenti la data presunta del parto i tre mesi dopo il parto (salvo quanto previsto dall'art. 20 del decreto legislativo 151/2001 sulla flessibilità del congedo di maternità). Va sottolineato che possono essere riscattati i periodi di congedo di maternità a partire dal 27/04/2001.[12]

Il servizio è valido e utile alle ferie e alla tredicesima entro i limiti di durata del rapporto di lavoro.

Per quanto riguarda le adozioni e affidamenti, il congedo di maternità spetta, per un periodo massimo di cinque mesi, anche alle lavoratrici che abbiano adottato un minore.

In caso di adozione nazionale, il congedo deve essere fruito durante i primi cinque mesi successivi all'effettivo ingresso del minore nella famiglia della lavoratrice.

In caso di adozione internazionale, il congedo può essere fruito prima dell'ingresso del minore in Italia, durante il periodo di permanenza all'estero richiesto per l'incontro con il minore e gli adempimenti relativi alla procedura adottiva. Ferma restando la durata complessiva del congedo, questo può essere fruito entro i cinque mesi successivi all'ingresso del minore in Italia.

La lavoratrice che, per il periodo di permanenza all'estero al non richieda o richieda solo in parte il congedo di maternità, può fruire di un congedo non retribuito, senza diritto ad indennità.

Sarà compito dell'ente che cura la procedura certificare la durata del periodo di permanenza all'estero della lavoratrice.

---

[12] Informativa INPDAP 28/02/2003 n. 8 e 11/03/2003 n. 15. A norma dell'art. 2 della L. 24/12/2007 n. 244 il riconoscimento non ha effetto retroattivo – vedi anche sentenza Corte conti – SS.RR. n. 9/2006 del 14/07/2006

Nel caso di affidamento di minore, il congedo può essere fruito entro cinque mesi dall'affidamento, per un periodo massimo di tre mesi.[13]
Le norme contenenti nell'art. 27 del decreto legislativo 26 marzo 2001, n. 151 per adozione e di affidamento preadottivo internazionale sono abrogate. [14]

2.1.2 GRAVI COMPLICANZE DELLA GESTAZIONE: INTERDIZIONE[15]

Il servizio ispettivo del Ministero del Lavoro può disporre, sulla base di accertamento medico, l'interdizione dal lavoro delle lavoratrici in stato di gravidanza, fino al periodo di congedo di maternità (due mesi prima del parto).
Per poter usufruire dell'interdizione anticipata, bisogna produrre all'Ispettorato del Lavoro competente territorialmente per il Comune di residenza, un'apposita domanda corredata del certificato medico di gravidanza e del certificato attestante le cause delle complicanze, nonché ogni altra documentazione ritenuta utile. All'atto della ricezione della documentazione, la Direzione del Lavoro esaminata la documentazione presentata, emette il decreto autorizzativo di interdizione dal lavoro, per un determinato periodo o fino all'inizio dell'interdizione obbligatoria. Tale provvedimento, verrà consegnato a mano oppure verrà spedito per posta in duplice copia: una per la lavoratrice e una per il datore di lavoro.

---

[13] Articolo così sostituito dall'articolo 2 comma 452 della legge 24 dicembre 2007, n. 244
[14] Art. 2 c. 453, legge 24 dicembre 2007, n. 244
[15] Art. 17, Decreto Legislativo 26 marzo 2001, n. 151

Per il rinnovo, oltre a compilare una nuova domanda, la lavoratrice dovrà necessariamente presentare in originale un nuovo certificato medico di gravidanza (attestante il perdurare delle gravi complicanze di gestazione) e la copia dell'ultimo provvedimento di interdizione anticipata emesso dalla Direzione Provinciale del Lavoro.

2.1.3 INTERRUZIONE DELLA GRAVIDANZA

L'interruzione spontanea o terapeutica della gravidanza successiva al 180° giorno dall'inizio della gestazione è considerata come parto:[16] pertanto, alla lavoratrice spetta il congedo di maternità post-parto[17].

L'interruzione antecedente al 180° giorno dall'inizio della gestazione è considerata a tutti gli effetti come malattia: pertanto, la durata dell'assenza è legata alla "prognosi" del medico curante[18].

---

[16] Nell'interpello del 5 giugno 2009, n. 51 il Ministero del Lavoro ha confermato l'applicazione del principio indicato, sostenendo che l'art. 12, comma 2 del D.P.R. n. 1026/1976 considera come parto "a tutti gli effetti", l'interruzione spontanea o terapeutica della gravidanza avvenuta successivamente al 180° giorno dall'inizio della gestazione. Già la Cassazione lo aveva affermato (v. in tal senso Cass. Civ. Sez. Lav. n. 1532/1993) e ora lo ribadisce anche il Ministero: " lo stato di puerperio non è escluso in caso di bambino nato morto, non implicando tale stato necessariamente la contestualità con la maternità". Ne consegue che in questi casi trova piena applicazione l'articolo 16 del T.U. sulla maternità/paternità e quindi alla lavoratrice spetta l'indennità di maternità e diventa operativo il divieto di adibirla al lavoro per i tre mesi successivi all'evento interruttivo.

[17] Tre mesi

[18] Deve invece essere qualificata come "malattia determinata da gravidanza" l'interruzione spontanea o terapeutica della gravidanza intervenuta entro il centottantesimo giorno dall'inizio della gestazione. È quanto ha affermato il Ministero del Lavoro nelle risposte ad interpello n. 32 e 58 del 2008. In

2.1.4 PARTO PREMATURO

Qualora il parto avvenga in data anticipata, rispetto a quella presunta, i giorni non goduti di astensione obbligatoria (massimo due mesi) prima del parto vengono aggiunti al periodo di congedo di maternità dopo il parto[19].

Qualora il figlio nato prematuro abbia necessità di un periodo di degenza, presso una struttura ospedaliera, la madre ha la facoltà di richiedere che il restante periodo di congedo obbligatorio post-parto, ed il restante periodo ante-parto non fruito, possano decorrere in tutto o in parte dalla data di effettivo rientro a casa del figlio[20]. La richiesta viene accolta qualora sia avvallata da idonea certificazione medica, dalla quale risulti che le condizioni di salute della lavoratrice consentono il rientro al lavoro.

---

particolare la questione è stata ampiamente dibattuta nella nota emanata il 19 agosto 2008, n. 32.

L'equiparazione dell'aborto nei 180 giorni alla "malattia determinata da gravidanza" rende applicabile al caso di specie l'articolo 20 del D.P.R. n. 1026/1976. In sostanza, ciò sta a significare che questo periodo di assenza dal lavoro è escluso dal computo del periodo di comporto per malattia. La malattia determinata da gravidanza deve essere attestata da un certificato medico, che può essere rilasciato, non solo dal medico specialista del SSN, ma anche da un medico di base convenzionato Il momento decisivo che determina il regime giuridico applicabile (malattia o maternità) è dato dal superamento del centottantesimo giorno di gestazione. Al riguardo va tenuto presente che il concepimento si presume sia avvenuto 300 giorni prima la data presunta del parto che è attestata nel certificato medico di gravidanza - Art. 19 Decreto Legislativo 26 marzo 2001, n. 151

[19] Art. 12 c. 3, CCNL del 2006/2009- Art. 16, Decreto Legislativo 26 marzo 2001, n. 151

[20] Art. 12 c. 3, CCNL del 2006/2009

16

Alla lavoratrice rientrata a scuola spettano in ogni caso i periodi di riposo giornalieri [21].

2.1.5 MATERNITÀ FLESSIBILITÀ DEL CONGEDO[22]

La lavoratrice può posticipare l'inizio del congedo di maternità prima del parto, al mese precedente la data presunta del parto. Il mese non fruito viene aggiunto al congedo di maternità dopo parto. Quindi la lavoratrice si asterrà dal lavoro un mese prima della data presunta del parto e quattro mesi dopo il parto.

La richiesta potrà essere accolta a condizione che il medico specialista del Servizio sanitario nazionale o con esso convenzionato e il medico competente, ai fini della prevenzione e tutela della salute nei luoghi di lavoro, se previsto, attestino che tale opzione non arrechi pregiudizio alla salute della gestante e del nascituro. Uno specifico decreto stabilirà i lavori per i quali sarà vietata la flessibilità. In attesa dell'emanazione di detto decreto la flessibilità potrà essere concessa:

---

[21] Art 39, Decreto Legislativo 26 marzo 2001, n. 151

[22] Art. 20, Decreto Legislativo 26 marzo 2001, n. 151 - In attesa del decreto sopracitato la scelta è immediatamente operativa se sussistono i seguenti presupposti (circ. Ministero del Lavoro n. 109 - 2000):
a) decorso regolare della gravidanza, non ci sono rischi per la salute della madre e del nascituro al momento della domanda
b) non è in corso la maternità anticipata
c) sono venute meno le cause che avevano portato alla richiesta di maternità anticipata
d) le mansioni svolte, l'ambiente di lavoro, l'articolazione dell'orario non configurano pregiudizio alla salute
e) non vi sono controindicazioni derivanti dalle modalità per raggiungere il luogo di lavoro.

- In assenza di condizioni patologiche che configurino situazioni di rischio per la salute della lavoratrice e/o del nascituro al momento della richiesta;
- In assenza di un provvedimento di interdizione anticipata dal lavoro da parte della competente Direzione provinciale del lavoro - Servizio ispezione del lavoro - ai sensi dell'art. 5 della legge n. 1204/71;
- Se vengono meno le cause che hanno in precedenza portato ad un provvedimento di interdizione anticipata nelle prime fasi di gravidanza;
- In assenza di pregiudizio alla salute della lavoratrice e del nascituro derivante dalle mansioni svolte, dall'ambiente di lavoro e/o dall'articolazione dell'orario di lavoro previsto; nel caso venga rilevata una situazione pregiudizievole, alla lavoratrice non potrà comunque essere consentito, ai fini dell'esercizio dell'opzione, lo spostamento ad altre mansioni ovvero la modifica delle condizioni e dell'orario di lavoro;
- In assenza di controindicazioni allo stato di gestazione riguardo alle modalità per il raggiungimento del posto di lavoro[23].

La lavoratrice che intende avvalersi della flessibilità deve presentare apposita domanda al datore di lavoro con allegate certificazioni sanitarie che, rechino una data non successiva alla fine del 7° mese ed attestino la compatibilità dell'avanzato stato di gravidanza con la permanenza al lavoro fin dal primo giorno dell'8° mese[24]. All'opposto, le domande di flessibilità cui siano

---

[23] Circ. Ministero Lavoro n. 43 del 2000
[24] sulla base delle indicazioni contenute nella circolare ministeriale n. 43/2000.

allegate certificazioni sanitarie con data che va oltre la fine del 7° mese, saranno respinte.

Il periodo di flessibilità, anche se già accordata, può essere successivamente ridotto,[25] espressamente, su istanza della lavoratrice, o implicitamente, per fatti sopravvenuti. Per fatti avvenuti si intende l'insorgere di malattia, in quanto ogni processo morboso in tale periodo comporta un "rischio per la salute della lavoratrice e/o del nascituro" e supera, di fatto, il giudizio medico precedentemente espresso nella certificazione del ginecologo ed, eventualmente, in quella del medico competente. Tale ultima ipotesi può verificarsi in linea del resto con quanto previsto al punto a della Circolare Ministero Lavoro n. 43 del 7.7.2000 "...assenza di condizioni patologiche che configurino situazioni di rischio per la salute della lavoratrice e/o del nascituro al momento della richiesta".

In caso di interruzione della flessibilità, sarà differita al periodo successivo al parto, la frazione delle giornate di astensione obbligatoria "ordinaria" non godute prima della data presunta del parto, considerate oggetto di flessibilità (vale a dire quelle di effettiva prestazione di attività lavorativa nel periodo relativo, comprese le festività cadenti nello stesso).

2.1.6 FERIE

Se il congedo di maternità o l'interdizione coincide in tutto o in parte con il periodo estivo, la dipendente con contratto a tempo indeterminato conserva il diritto di prendere le ferie durante la sospensione delle lezioni

---

[25] Ai sensi delle disposizioni di cui alla legge n. 53/2000

nell'anno scolastico successivo[26], mentre la dipendente con contratto a tempo determinato, che a causa dell'interruzione della nomina non può fruire delle ferie, ha diritto al pagamento delle stesse al termine dell'anno scolastico e comunque dell'ultimo contratto stipulato nel corso dell'anno scolastico[27].

2.1.7 CONGEDO MATERNITA' VALIDITA' ANNO DI PROVA (Neo assunte)

Ai fini del periodo di prova o di formazione sono validi solo i primi 30 giorni del congedo di maternità[28].

La lavoratrice madre in congedo di maternità che abbia compiuto i 180 giorni di servizio nell'anno scolastico, può sostenere la discussione della relazione finale col Comitato per la valutazione del servizio anche in periodo di congedo di maternità, previa autorizzazione del suo medico di fiducia, al fine di veder definito il superamento dell'anno di formazione, con la relazione del Capo d'istituto[29]. Nonostante, la circolare telegrafica del MIUR n. 357 del 2.11.1984, riguardi solo la "discussione della relazione", si ritiene possibile consentire la partecipazione ai momenti di formazione in presenza del corso di formazione per neoimmessi in ruolo anche di docenti in congedo di maternità (anche anticipata). Occorre tuttavia il parere favorevole del competente ufficio dell'Ispettorato del Lavoro.

Se il congedo di maternità, causa il rinvio del periodo di prova o del superamento dell'anno di formazione, la

---

[26] Art. 13, del CCNL 2006/2009
[27] Art. 19, comma 2 del CCNL 2006/2009
[28] Art. 31, Regio Decreto 21 agosto 1937, n,. 1542, C.M. n. 54 del 23 febbraio 1972 e C.M: n. 180 del 11 luglio 1979
[29] Circolare telegrafica del MIUR, la n. 357 del 2.11.1984.

conferma in ruolo sarà poi disposta con effetto retroattivo[30].

2.2 PATERNITÀ

2.2.1 CONGEDO DI PATERNITÀ

Il padre lavoratore ha diritto di astenersi dal lavoro per tutta la durata del congedo di maternità o per la parte residua che sarebbe spettata alla lavoratrice, in caso di morte o di grave infermità della madre ovvero di abbandono, nonché in caso di affidamento esclusivo del bambino al padre. Il padre lavoratore, che intenda avvalersi di tale diritto, deve presentare al datore di lavoro la certificazione relativa alle condizioni ivi previste. In caso di abbandono, il padre lavoratore, ne rende dichiarazione ai sensi dell'articolo 47 del decreto del Presidente della Repubblica 28 dicembre 2000, n. 445.[31]

Il trattamento economico, normativo e previdenziale è lo stesso di quello previsto per le lavoratrici madri[32].

Nel caso di adozioni e affidamenti il congedo di maternità che non sia stato chiesto dalla lavoratrice madre spetta, al lavoratore padre e con le medesime condizioni.

Spetta all'ente che ha ricevuto l'incarico di curare la procedura di adozione certificare la durata del periodo di permanenza all'estero del lavoratore[33].

---

[30] Cfr. Circolare Ministeriale numero 54 del 23 dicembre 1972, Circolare Ministeriale numero 2 del 4 gennaio 1973 e Circolare Ministeriale numero 219/75.
[31] Art. 28, Decreto Legislativo 26 marzo 2001, n. 151
[32] Artt. 22,23,25, Decreto Legislativo 26 marzo 2001, n. 151

21

3. CONGEDO PARENTALE

Il 18 marzo 2010 è stato pubblicato sulla Gazzetta Ufficiale il testo della direttiva n. 2010/18/UE adottata dal Consiglio l'8 marzo 2010. Il testo sostituisce la precedente direttiva n. 96/34/CE e, al contempo, attribuisce valore giuridico all'accordo quadro sottoscritto il 18 giugno 2009 dalle parti sociali europee a livello intersettoriale: piccole e medie imprese; industriali; sindacati dei lavoratori e servizi pubblici.

Le disposizioni del nuovo accordo che hanno la finalità di tenere conto della crescente diversità della struttura familiare, introducono una profonda novità prevedendo che "...Il congedo è accordato per un periodo minimo di quattro mesi e, per promuovere la parità di opportunità e di trattamento tra gli uomini e le donne, andrebbe previsto, in linea di principio, in forma non trasferibile. Per incoraggiare una più equa ripartizione del congedo parentale tra i due genitori, almeno uno dei quattro mesi è attribuito in forma non trasferibile. Le modalità di applicazione del periodo non trasferibile sono fissate a livello nazionale attraverso la legislazione e/o contratti collettivi, tenendo conto delle disposizioni sul congedo in vigore negli Stati membri[34]". Il principio generale secondo cui il congedo parentale è un diritto individuale e non può essere trasferito da un genitore all'altro è mantenuto, tuttavia, al fine di incoraggiare una più equa ripartizione del congedo parentale tra i padri e le madri.

---

[33] Articolo così sostituito dall'articolo 2 comma 454 della legge 24 dicembre 2007, n. 244.

[34] Clausola 2 Accordo quadro sul congedo parentale 18/06/2009. Direttiva n. 2010/18/UE adottata dal Consiglio l'8 marzo 2010.

L'accordo dispone, infatti, che almeno uno dei 4 mesi non possa essere trasferito in nessun caso e che, pertanto, dovrà considerarsi perduto qualora uno solo dei genitori prenda il congedo parentale.

Inoltre l'accordo stabilisce che le modalità di applicazione del congedo parentale siano definite per legge e/o mediante contratti collettivi degli Stati membri, nel rispetto delle prescrizioni minime dell'accordo. Gli Stati membri e/o le parti sociali possono in particolare:

a) stabilire che il congedo parentale sia accordato a tempo pieno, a tempo parziale, in modo frammentato o nella forma di un credito di tempo, tenendo conto delle esigenze dei datori di lavoro e dei lavoratori;

b) subordinare il diritto al congedo parentale a una determinata anzianità lavorativa e/o aziendale che non può superare un anno; quando ricorrono a tale disposizione gli Stati membri e/o le parti sociali assicurano che in caso di più contratti a tempo determinato, quale definito nella direttiva 1999/70/CE del Consiglio sul tempo determinato, presso lo stesso datore di lavoro occorre tener conto della durata complessiva di tali contratti per il calcolo dell'anzianità;

c) definire le circostanze alle quali un datore di lavoro, in seguito a una consultazione a norma delle leggi, dei contratti collettivi e/o delle prassi nazionali, è autorizzato a differire la concessione del congedo parentale per ragioni giustificabili connesse al funzionamento dell'organizzazione. Qualsiasi difficoltà derivante dall'applicazione della presente disposizione dovrebbe essere risolta conformemente alle leggi, ai contratti collettivi e/o alle prassi nazionali; d) in aggiunta alla lettera c), autorizzare accordi particolari intesi a

23

soddisfare le esigenze operative e organizzative delle piccole imprese.

Gli Stati membri e/o le parti sociali devono fissare poi i termini del preavviso che il lavoratore deve dare al datore di lavoro quando intende esercitare il diritto al congedo parentale, con l'indicazione dell'inizio e della fine del periodo di congedo. Nel definire la durata di detti termini di preavviso gli Stati membri e/o le parti sociali tengono conto degli interessi dei lavoratori e dei datori di lavoro. Infine gli Stati membri e/o le parti sociali dovrebbero valutare la necessità di adeguare le condizioni di accesso e le modalità di applicazione del congedo parentale alle esigenze dei genitori di figli con disabilità o malattie a lungo decorso.[35] Per quanto riguarda i tempi di attuazione, la direttiva assegna agli Stati membri un termine di 2 anni elevabile a 3 in considerazione di difficoltà particolari o dell'attuazione tramite contratto collettivo.

In attesa quindi che gli Stati membri, si conformino alla direttiva n. 2010/18/UE (entro l'8 marzo 2012 con periodo supplementare non superiore ad un anno) per ogni bambino, nei primi suoi otto anni di vita, ciascun genitore ha diritto ad astenersi dal lavoro come di seguito.

La madre lavoratrice, trascorso il periodo di congedo di maternità, ha diritto ad un periodo continuativo o frazionato non superiore a sei mesi. Il padre lavoratore, dalla nascita del figlio, ha diritto per un periodo di congedo continuativo o frazionato non superiore a sei mesi. Il limite complessivo dei congedi parentali dei genitori è di dieci mesi.

---

[35] Clausola 3 Accordo quadro sul congedo parentale 18/06/2009. Direttiva n. 2010/18/UE adottata dal Consiglio l'8 marzo 2010

Nel caso in cui il padre lavoratore eserciti il diritto di astenersi dal lavoro per un periodo continuativo o frazionato non inferiore a tre mesi; il suo massimo viene elevato a 7 mesi, quindi, il limite complessivo madre padre, viene ad essere 11 mesi Qualora vi sia un solo genitore, questo ha diritto ad un periodo continuativo o frazionato non superiore a dieci mesi[36].

Ai fini dell'esercizio del diritto del congedo, il genitore è tenuto, salvo casi di oggettiva impossibilità, a preavvisare il datore di lavoro secondo le modalità e i criteri definiti dai contratti collettivi, e comunque con un periodo di preavviso non inferiore a quindici giorni. Il congedo parentale spetta al genitore richiedente anche qualora l'altro genitore non ne abbia diritto.

I periodi di congedo parentale sono computati nell'anzianità di servizio, esclusi gli effetti relativi alle ferie e alla tredicesima mensilità o alla gratifica natalizia [37].

Durante i periodi di fruizione del congedo parentale può essere anticipato il trattamento di fine rapporto ai fini del sostegno economico [38].

La lavoratrice madre o, in alternativa, il lavoratore padre di minore con handicap in situazione di gravità, hanno diritto al prolungamento fino a tre anni del congedo parentale, a condizione che il bambino non sia ricoverato a tempo pieno presso istituti specializzati. Il prolungamento decorre dal termine del periodo corrispondente alla durata massima del congedo parentale.

---

[36] Art. 32 , Decreto Legislativo 26 marzo 2001, n. 151.
[37] Art. 34 c. 5, Decreto Legislativo 26 marzo 2001, n. 151.
[38] Art. 7 della legge 8 marzo 2000, n. 53.

In alternativa al prolungamento del congedo possono essere fruiti i riposi e permessi per i figli con handicap grave[39].

Il congedo parentale spetta anche nel caso di adozione, nazionale e internazionale, e di affidamento, può essere fruito dai genitori adottivi e affidatari, qualunque sia l'età del minore, entro otto anni dall'ingresso del minore in famiglia, e comunque non oltre il raggiungimento della maggiore età. In questo caso l'indennità[40] é dovuta, per il periodo massimo complessivo ivi previsto, nei primi tre anni dall'ingresso del minore in famiglia.

Per quanto riguarda il trattamento economico e normativo alle lavoratrici e ai lavoratori o in alternativa per i lavoratori padri, i primi trenta giorni, di congedo parentale, computati complessivamente per entrambi i genitori[41], e fruibili anche in modo frazionato solo entro i 3 anni di vita del bambino[42], non riducono le ferie, sono valutati ai fini dell'anzianità di servizio e sono retribuiti per intero, con esclusione dei compensi per lavoro straordinario e le indennità per prestazioni disagiate, pericolose o dannose per la salute[43].

Fino al terzo anno di vita del bambino e per massimo 6 mesi complessivi tra i genitori spetta un'indennità[44] pari al 30% della retribuzione[45].

---

[39] Art. 42 c.1 Decreto Legislativo 26 marzo 2001, n. 151
[40] Art.34 Decreto Legislativo 26 marzo 2001, n. 151
[41] Ai sensi delle CC.MM del Tesoro n. 49 del 25 ottobre 2000, della Funzione Pubblica n. 14 del 16 novembre 2000 e dell'INPDAP n. 49 del 27 novembre 2000
[42] Nota min. 20/12/2007 prot.24109
[43] CCNL 2006/2009 art. 12
[44] Art. 23 - Calcolo dell'indennità art. 23 Decreto Legislativo 26 marzo 2001, n. 151 tranne c. 2: "Agli effetti della determinazione della misura dell'indennità, per retribuzione s'intende la retribuzione media globale giornaliera del periodo di paga quadrisettimanale o

Per i periodi di congedo parentale oltre i 10 mesi o gli 11 è dovuta un'indennità[46] pari al 30% della retribuzione, a condizione che il reddito individuale dell'interessato sia inferiore a 2,5 volte l'importo del trattamento minimo di pensione a carico dell'assicurazione generale obbligatoria. Il reddito è determinato secondo i criteri previsti in materia di limiti reddituali per l'integrazione al minimo. I periodi di congedo parentale superiori a trenta giorni (somma tra madre e padre) sono computati nell'anzianità di servizio, esclusi gli effetti relativi alle ferie e alla tredicesima mensilità o alla gratifica natalizia. I medesimi periodi non si computano ai fini del raggiungimento dei limiti di permanenza nelle liste di

---

mensile scaduto ed immediatamente precedente a quello nel corso del quale ha avuto inizio il congedo di maternità". "... Concorrono a formare la retribuzione gli stessi elementi che vengono considerati agli effetti della determinazione delle prestazioni dell'assicurazione obbligatoria per le indennità economiche di malattia". Per retribuzione media globale giornaliera si intende l'importo che si ottiene dividendo per trenta l'importo totale della retribuzione del mese precedente a quello nel corso del quale ha avuto inizio il congedo. Qualora le lavoratrici non abbiano svolto l'intero periodo lavorativo mensile per sospensione del rapporto di lavoro con diritto alla conservazione del posto, per interruzione del rapporto stesso o per recente assunzione si applica quanto previsto al comma 5, lettera c) . "...l'importo che si ottiene dividendo l'ammontare complessivo degli emolumenti percepiti nel periodo di paga preso in considerazione per il numero di giorni lavorati, o comunque retribuiti, risultanti dal periodo stesso".

[45] Art. 34, Decreto Legislativo 26 marzo 2001, n. 151

[46] Art. 22 c. 2, Decreto Legislativo 26 marzo 2001, n. 151 come modificato dall'art. 2 c. 3 del Decreto Legislativo 23/04/2003 n. 115 "L'indennità di maternità, comprensiva di ogni altra indennità spettante per malattia, e' corrisposta con le modalità di cui all'articolo 1, del decreto-legge 30 dicembre 1979, n. 663, convertito, con modificazioni, dalla legge 29 febbraio 1980, n. 33, e con gli stessi criteri previsti per l'erogazione delle prestazioni dell'assicurazione obbligatoria contro le malattie.

mobilità di cui all'articolo 7 della legge 23 luglio 1991, n. 223, fermi restando i limiti temporali di fruizione dell'indennità di mobilità. I medesimi periodi si computano ai fini del raggiungimento del limite minimo di sei mesi di lavoro effettivamente prestato per poter beneficiare dell'indennità di mobilità. Le ferie e le assenze eventualmente spettanti alla lavoratrice ad altro titolo non vanno godute contemporaneamente ai periodi di congedo di maternità. Non viene cancellata dalla lista di mobilità ai sensi dell'articolo 9 della legge 23 luglio 1991, n. 223, la lavoratrice che, in periodo di congedo di maternità, rifiuta l'offerta di lavoro, di impiego in opere o servizi di pubblica utilità, ovvero l'avviamento a corsi di formazione professionale.

I periodi di assenza per congedo parentale nel caso di fruizione continuativa, comprendono anche gli eventuali giorni festivi che ricadano all'interno degli stessi. Tale modalità di computo trova applicazione anche nel caso di fruizione frazionata, ove i diversi periodi di assenza non siano intervallati dal ritorno al lavoro del lavoratore o della lavoratrice. Ai fini della fruizione, anche frazionata, dei periodi di astensione dal lavoro, congedo parentale[47], la lavoratrice madre o il lavoratore padre presentano la relativa domanda, con l'indicazione della durata, all'ufficio di appartenenza di norma quindici giorni prima della data di decorrenza del periodo di astensione. La domanda può essere inviata anche per mezzo raccomandata con avviso di ricevimento, purché sia assicurato comunque il rispetto del termine minimo di quindici giorni. Tale disciplina trova applicazione anche

---

[47] Art. 32, c. 1, Decreto Legislativo 26 marzo 2001, n. 151

nel caso di proroga dell'originario periodo di astensione.[48]

In presenza di particolari e comprovate situazioni personali, che rendano impossibile il rispetto della suddetta disciplina, la domanda può essere presentata entro quarantotto ore precedenti l'inizio del periodo di astensione dal lavoro[49].

Per quanto riguarda il trattamento previdenziale i periodi di congedo parentale fino a 10 o 11 mesi sono coperti da contribuzione figurativa. Per i suddetti periodi di congedo di maternità, non è richiesta, in costanza di rapporto di lavoro, alcuna anzianità contributiva pregressa ai fini dell'accreditamento dei contributi figurativi per il diritto alla pensione e per la determinazione della misura stessa[50].

Per i periodi ulteriori ai 10 o 11 mesi [51] compresi quelli che non danno diritto al trattamento economico, sono coperti da contribuzione figurativa, attribuendo come valore retributivo per tale periodo il 200 per cento del valore massimo dell'assegno sociale, proporzionato ai periodi di riferimento, salva la facoltà di integrazione da parte dell'interessato, con riscatto ai sensi dell'articolo 13 della legge 12 agosto 1962, n. 1338, ovvero con versamento dei relativi contributi secondo i criteri e le modalità della prosecuzione volontaria.

Per i dipendenti di Amministrazioni pubbliche e per i soggetti iscritti ai fondi sostitutivi dell'assicurazione generale obbligatoria gestita dall'istituto nazionale previdenza sociale (INPS) ai quali viene corrisposta una

---

[48] Art.12 c. 7, CCNL 2006/2009,
[49] Art.12 c. 8, CCNL 2006/2009
[50] Art.25 c.1, Decreto Legislativo 26 marzo 2001, n. 151
[51] Art. 34 c.1 c.2, Decreto Legislativo 26 marzo 2001, n. 151

retribuzione ridotta o non viene corrisposta alcuna retribuzione nei periodi di congedo parentale, sussiste il diritto, per la parte differenziale mancante alla misura intera o per l'intera retribuzione mancante, alla contribuzione figurativa da accreditare secondo le disposizioni di cui all'articolo 8 della legge 23 aprile 1981, n. 155.

Gli oneri derivanti dal riconoscimento della contribuzione figurativa, per i soggetti iscritti ai fondi esclusivi o sostitutivi dell'assicurazione generale obbligatoria, restano a carico della gestione previdenziale cui i soggetti medesimi risultino iscritti durante il predetto periodo.

Per i soggetti iscritti al fondo pensioni lavoratori dipendenti e alle forme di previdenza sostitutive ed esclusive dell'assicurazione generale obbligatoria per l'invalidità, la vecchiaia e i superstiti, i periodi non coperti da assicurazione e corrispondenti a quelli che danno luogo al congedo parentale, collocati temporalmente al di fuori del rapporto di lavoro, possono essere riscattati, nella misura massima di cinque anni, con le modalità di cui all'articolo 13 della legge 12 agosto 1962, n. 1338, e successive modificazioni, a condizione che i richiedenti possano far valere, all'atto della domanda, complessivamente almeno cinque anni di contribuzione versata in costanza di effettiva attività lavorativa.

4. RIPOSI, PERMESSI E CONGEDI

Per quanto riguarda il trattamento economico e [52] per i riposi e i permessi è dovuta un'indennità, a carico dell'ente assicuratore, pari all'intero ammontare della retribuzione relativa ai riposi e ai permessi medesimi. L'indennità è anticipata dal datore di lavoro ed è portata a conguaglio con gli apporti contributivi dovuti dall'ente assicuratore.

Per quanto riguarda il trattamento previdenziale[53] per i periodi di riposo e **permessi** sono coperti da contribuzione figurativa,[54] attribuendo come valore retributivo per tale periodo il 200 per cento del valore massimo dell'assegno sociale, proporzionato ai periodi di riferimento, salva la facoltà di integrazione da parte dell'interessato, con riscatto ai sensi dell'articolo 13 della legge 12 agosto 1962, n. 1338, ovvero con versamento dei relativi contributi secondo i criteri e le modalità della prosecuzione volontaria[55].

I tre giorni di permesso mensile di cui all'articolo art. 33, c. 3, della legge 5 febbraio 1992, n. 104 sono coperti da contribuzione figurativa.

4.1 RIPOSI GIORNALIERI DELLA MADRE[56]

Le lavoratrici madri, durante il primo anno di vita del bambino, hanno diritto a due ore di riposo, anche cumulabili durante la giornata, il riposo viene ridotto ad

---

[52] Art. 43, Decreto Legislativo 26 marzo 2001, n. 151.
[53] Art. 44, Decreto Legislativo 26 marzo 2001, n. 151.
[54] Art.35 c.2, Decreto Legislativo 26 marzo 2001, n. 151.
[55] Art. 35, Decreto Legislativo 26 marzo 2001, n. 151.
[56] Art. 39, Decreto Legislativo 26 marzo 2001, n. 151

un'ora quando l'orario giornaliero di lavoro è inferiore a sei ore.

In caso di parto plurimo[57], i periodi di riposo sono raddoppiati e le due ore aggiuntive rispetto a quelle previste[58], possono essere fruite anche dal padre.

I riposi giornalieri sono riconosciuti al padre lavoratore:[59]

a) nel caso in cui i figli siano affidati al solo padre;

b) in alternativa alla madre lavoratrice dipendente che non se ne avvalga;

c) nel caso in cui la madre non sia lavoratrice dipendente;

d) in caso di morte o di grave infermità della madre.

Le disposizioni in materia di riposi giornalieri della madre del padre e per parti plurimi[60] , si applicano anche in caso di adozione e di affidamento entro il primo anno di vita del bambino[61].

---

[57] Art. 41, Decreto Legislativo 26 marzo 2001, n. 151.

[58] Art. 39, c. 1, Decreto Legislativo 26 marzo 2001, n. 151.

[59] Art. 40, Decreto Legislativo 26 marzo 2001, n. 151.

[60] Artt. 39 - 40 - 41, Decreto Legislativo 26 marzo 2001, n. 151.

[61] Art. 44, Decreto Legislativo 26 marzo 2001, n. 151.

Esempio di ripartizione delle ore tra i genitori in caso di parto plurimo orario lavoro di almeno 6 ore:

Madre	Padre	
(orario lavoro di almeno 6 ore giornaliere)	*(orario lavoro di almeno 6 ore giornaliere)*	*(orario lavoro inferiore a 6 ore giornaliere)*
4 ore	0 ore	0 ore
3 ore	1 ora	1 ora
2 ore	2 ore	1 ora
1 ora	3 ore	2 ore
0 ore	4 ore	2 ore
Congedo maternità o congedo parentale	2 ore	1 ora

Esempio di ripartizione delle ore tra i genitori in caso di parto plurimo orario di lavoro inferiore a 6 ore:

Madre	Padre	
(orario lavoro inferiore a 6 ore giornaliere)	*(orario lavoro di almeno 6 ore giornaliere)*	*(orario lavoro inferiore a 6 ore giornaliere)*
2 ore	0 ore	0 ore
1 ora	2 ore	1 ora
0 ore	4 ore	2 ore
Congedo maternità o congedo parentale	2 ore	1 ora

4.2 RIPOSI E PERMESSI PER FIGLI CON HANDICAP GRAVE[62]

Fino al compimento del terzo anno di vita del bambino[63] con handicap in situazione di gravità e in alternativa al prolungamento del periodo di congedo parentale si possono chiedere due ore di riposo giornaliero retribuito. Successivamente al compimento del terzo anno di vita del bambino con handicap in situazione di gravità, la lavoratrice madre o, in alternativa, il lavoratore padre hanno diritto a tre giorni di permesso mensile coperti da

---

[62] Art. 42, Decreto Legislativo 26 marzo 2001, n. 151.
[63] Art. 33 c. 2, Legge 5 febbraio 1992 n. 104

contribuzione figurativa, fruibili anche in maniera continuativa a condizione che la persona con handicap in situazione di gravità non sia ricoverata a tempo pieno[64]. Detti permessi sono fruibili anche in maniera continuativa nell'ambito del mese. Successivamente al raggiungimento della maggiore età del figlio con handicap in situazione di gravità, la lavoratrice madre o, in alternativa, il lavoratore padre hanno diritto a tre giorni di permesso mensile coperti da contribuzione figurativa, fruibili anche in maniera continuativa a condizione che la persona con handicap in situazione di gravità non sia ricoverata a tempo pieno[65]. Detti permessi, fruibili anche in maniera continuativa nell'ambito del mese, spettano a condizione che sussista convivenza con il figlio o, in assenza di convivenza, che l'assistenza al figlio sia continuativa ed esclusiva[66]. I riposi e i permessi, ai sensi dell'articolo 33, comma 4 della legge 5 febbraio 1992, n. 104, possono essere cumulati con il congedo parentale ordinario e con il congedo per la malattia del figlio. I riposi, i permessi e i congedi di cui sopra spettano anche qualora l'altro genitore non ne abbia diritto.[67]

---

[64] Art. 33 c. 3, Legge 5 febbraio 1992, n. 104

[65] Art. 33 c. 3, Legge 5 febbraio 1992, n. 104

[66] Art. 20, Legge 8 marzo 2000, n. 53

[67] Il comma 106 dell'articolo 3 della legge 24 dicembre 2003, n. 350 ha soppresso il limite di cinque anni di certificazione dell'handicap grave precedentemente posto come condizione per accedere ai congedi in parola.
La Corte Costituzionale con Sentenza 8 giugno 2005, n. 233, ha dichiarato l'illegittimità costituzionale dell'art. 42, comma 5, del decreto legislativo 26 marzo 2001, n. 151 (Testo unico delle disposizioni legislative in materia di tutela e sostegno della maternità e paternità, a norma dell'articolo 15 della legge 8 marzo 2000, n. 53), nella parte in cui non prevede il diritto di uno dei fratelli o delle sorelle conviventi con soggetto con handicap in situazione di gravità a fruire del congedo ivi indicato, nell'ipotesi in cui i genitori siano

I riposi e i permessi per i figli con handicap grave si applicano anche in caso di adozione e di affidamento di bambini con handicap in situazione di gravità. Per i riposi e i permessi è dovuta un'indennità, a carico dell'ente assicuratore, pari all'intero ammontare della retribuzione relativa ai riposi e ai permessi medesimi. L'indennità è anticipata dal datore di lavoro ed è portata a conguaglio con gli apporti contributivi dovuti all'ente assicuratore.

4.3 CONGEDO BIENNALE [68]

La Legge 388/2000 (articolo 80, comma 2, poi ripreso dall'articolo 42, comma 5 del Decreto Legislativo 26 marzo 2001, n. 151) ha integrato le disposizioni previste dalla Legge 53/2000 introducendo l'opportunità, per i genitori di persone con handicap grave, di usufruire di due anni di congedo retribuito. L'articolo 3, comma 106

---

impossibilitati a provvedere all'assistenza del figlio handicappato perché totalmente inabili.

La Corte Costituzionale con Sentenza 18 aprile 2007, n. 158, ha dichiarato l'illegittimità costituzionale dell'art. 42, comma 5, del decreto legislativo 26 marzo 2001, n. 151 (Testo unico delle disposizioni legislative in materia di tutela e sostegno della maternità e paternità, a norma dell'articolo 15 della legge 8 marzo 2000, n. 53), nella parte in cui non prevede, in via prioritaria rispetto agli altri congiunti indicati dalla norma, anche per il coniuge convivente con "soggetto con handicap in situazione di gravità", il diritto a fruire del congedo ivi indicato.

La Corte Costituzionale con Sentenza 26 gennaio 2009, n. 19 ha dichiarato l'illegittimità costituzionale dell'art. 42, comma 5, del decreto legislativo 26 marzo 2001, n. 151 (Testo unico delle disposizioni legislative in materia di tutela e sostegno della maternità e paternità, a norma dell'art. 15 della legge 8 marzo 2000, n. 53), nella parte in cui non include nel novero dei soggetti legittimati a fruire del congedo ivi previsto il figlio convivente, in assenza di altri soggetti idonei a prendersi cura della persona in situazione di disabilità grave.

[68] Art.42, Decreto Legislativo 26 marzo 2001, n. 151- Legge 350/2003.

della Legge 350/2003 ha abrogato la condizione che imponeva, quale requisito per la concessione dei congedi retribuiti, che la persona disabile fosse in possesso del certificato di handicap grave da almeno 5 anni. Permane invece la condizione che il disabile non sia ricoverato a tempo pieno in istituto. La condizione principale, per l'accesso ai permessi lavorativi, è che il disabile sia stato accertato handicappato in situazione di gravità[69]. Il certificato attestante l'handicap grave viene rilasciato dalla Asl d'appartenenza a seguito di visita accertativa.

Non sono ammesse, fatta eccezione per i grandi invalidi di guerra e i soggetti con sindrome di Down, certificazioni di altro genere.

Originariamente i beneficiari del periodo di due anni di congedo retribuito erano i genitori, anche adottivi o affidatari, della persona con handicap grave e i lavoratori conviventi con il fratello o sorella con handicap grave a condizione che entrambi i genitori siano "scomparsi".

Attualmente a seguito di sentenze della Corte Costituzionale, hanno diritto ai congedi: i genitori, il coniuge, i fratelli e le sorelle conviventi nell'ipotesi in cui i genitori siano impossibilitati a provvedere all'assistenza del figlio handicappato, perché totalmente inabili, e i figli conviventi in assenza di altri soggetti idonei a prendersi cura della persona in situazione di disabilità grave[70].

---

[69] Art.3, comma 3 della Legge 104/1992

[70] Fratelli e sorelle: la Corte Costituzionale, con Sentenza della Corte Costituzionale (8 giugno 2005, n. 233), ha dichiarato illegittima la norma nella parte in cui non prevede il diritto di uno dei fratelli o delle sorelle conviventi con soggetto con handicap in situazione di gravità di fruire del congedo straordinario, nell'ipotesi in cui i genitori siano impossibilitati a provvedere all'assistenza del figlio handicappato perché totalmente inabili. I diretti interessati, cioè i fratelli o le sorelle di persone con handicap grave (articolo 3, comma 3 della Legge 104/1992) conviventi, possono quindi richiedere il congedo retribuito di due anni anche se i genitori sono ancora in

Rimangono esclusi dal beneficio i lavoratori che, pur assistendo un familiare con handicap grave e convivano con questi, non siano genitori, coniugi, fratelli o sorelle, o figli. Ad esempio, nipoti, cugini, generi non possono richiedere la concessione dei due anni di permesso retribuito.

I periodi di congedo, al massimo due anni possono essere fruiti in modo continuativo o frazionato. Il beneficio è frazionabile anche a giorni interi. Gli Istituti previdenziali non prevedono invece la frazionabilità ad

---

vita. La condizione è tuttavia indicata dalla stessa Corte: i genitori devono essere totalmente inabili. Non è sufficiente quindi che i genitori siano "solo" anziani o "solo" invalidi parziali.

L'INPS, da parte sua, ha recepito le disposizioni della Corte Costituzionale con propria Circolare n. 107 del 29 settembre 2005, precisando che l'inabilità dei genitori deve essere comprovata da specifica documentazione da cui sia rilevabile lo stato di invalidità totale (sia essa civile, di guerra, per lavoro, servizio di pensioni di invalidità INPS o analoghe).

Coniugi: la norma originaria esclude l'opportunità per il coniuge di fruire dei due anni di congedo retribuito. Anche su questo aspetto è intervenuta la Corte Costituzionale (Sentenza 18 aprile 2007, n. 158) censurando questa esclusione e dichiarandone l'illegittimità costituzionale. Afferma la Corte: "La norma censurata (...) esclude attualmente dal novero dei beneficiari del congedo straordinario retribuito il coniuge, pur essendo questi, sulla base del vincolo matrimoniale ed in conformità dell'ordinamento giuridico vigente, tenuto al primo posto (art. 433 cod. civ.) all'adempimento degli obblighi di assistenza morale e materiale del proprio consorte; obblighi che l'ordinamento fa derivare dal matrimonio.Ciò implica, come risultato, un trattamento deteriore del coniuge del disabile, rispetto ai componenti della famiglia di origine". Con queste premesse, viene dichiarata l'illegittimità costituzionale dell'articolo 42, nella parte in cui non prevede la concessione dei congedi retribuiti anche al coniuge della persona con handicap grave. Conseguentemente i congedi devono essere concessi anche al coniuge.

Figli: la Sentenza n. 19 del 26 gennaio 2009, la Corte ha stabilito l'illegittimità costituzionale della norma anche nella parte in cui non prevede la concessione dei congedi ai figli che assistono i genitori conviventi in assenza di altri soggetti idonei a prendersi cura della persona in situazione di disabilità grave.

ore. Anche in questo caso, diverse sono le indicazioni degli Istituti previdenziali, soprattutto rispetto al calcolo dei giorni fruiti[71].La Circolare INPDAP 12 maggio 2004, n. 31 precisa che il congedo può essere richiesto anche in modo frazionato e che, in tal caso, è necessaria l'effettiva ripresa del lavoro tra un periodo di assenza ed il successivo.

I congedi biennali sono retribuiti con un'indennità corrispondente all'ultima retribuzione percepita e coperti da contribuzione figurativa ai fini pensionistici. L'indennità e la contribuzione figurativa spettano fino ad un importo complessivo massimo di 36.151,98 Euro annue per il congedo di durata annuale. Detto importo è rivalutato annualmente, a decorrere dall'anno 2002, sulla base della variazione dell'indice ISTAT dei prezzi al consumo per le famiglie di operai e impiegati. L'indennità e il contributo figurativo vengono rapportati a mesi e giorni in misura proporzionale, se il congedo è richiesto per periodi frazionati. Su tale aspetto i vari enti previdenziali di riferimento si sono espressi con proprie circolari.[72] L'INPDAP affronta il problema nella propria Circolare del 10 gennaio 2002, n. 2. Durante il periodo di congedo il richiedente ha diritto a percepire un'indennità, corrispondente all'ultima retribuzione percepita, cioè riferita all'ultimo mese di lavoro che precede il congedo, sempreché la stessa, rapportata all'anno, sia inferiori o pari al limite complessivo massimo di 36.151,98 Euro rivalutati di anno in anno cui viene commisurata la contribuzione figurativa. Nulla di particolare o specifico, nelle disposizioni INPDAP, oltre a quanto già previsto dalla normativa vigente.

---

[71] Art.42 c. 5, Decreto Legislativo 26 marzo 2001, n. 151.
[72] Art.42 c. 5, Decreto Legislativo 26 marzo 2001, n. 151.

Le indicazioni relative ai permessi lavorativi, che hanno precisato che questi non incidono negativamente su ferie e tredicesima mensilità, non riguardano i congedi retribuiti di due anni.

La norma istitutiva, non precisa nulla riguardo alla maturazione delle ferie nel corso della fruizione del congedo retribuito. L'INPDAP ha previsto con chiarezza, nella Circolare del 12 maggio 2004, n. 31[73], che il

---

[73] Circolare INPDAP - Istituto Nazionale di Previdenza per i Dipendenti dell'Amministrazione Pubblica - Direzione Centrale delle Entrate, Ufficio II - 12 maggio 2004, n. 31 "Legge 24.12.2003 n. 350, art. 3, comma 106. Congedo per l'assistenza ai disabili."
Il comma 106, dell'art.3, della legge 24 dicembre 2003 n. 350 (Legge Finanziaria 2004), ha modificato l'art.42, comma 5, del Testo Unico delle disposizioni in materia di tutela della maternità e paternità di cui al D.Lgs. 26 marzo 2001 n. 151.
La novità riguarda il congedo straordinario, introdotto dall'art. 80, comma 2, della legge 23 dicembre 2000 n. 388 (Legge Finanziaria 2001), della durata massima di due anni, usufruibile, ai sensi del citato comma 5 dell'art.42, come modificato dall'art. 3 del D.Lgs. 23 aprile 2003 n. 115, dai genitori, compresi adottivi e affidatari, nonché da fratelli e sorelle in caso di scomparsa dei genitori di soggetti con handicap in situazione di gravità, a condizione che questi ultimi non siano ricoverati a tempo pieno presso istituti specializzati e non prestino attività lavorativa.
In base alla nuova formulazione della norma, per il conseguimento del congedo da parte degli aventi diritto, non è più richiesto, a partire dal 1° gennaio 2004, il vincolo dei cinque anni di riconoscimento della situazione di gravità del soggetto con handicap, decorrenti dalla data del rilascio della prevista certificazione. Unico requisito richiesto è, quindi, il riconoscimento della situazione di gravità del soggetto con handicap, accertata ai sensi dell'art. 4, comma 1, della legge 104/1992, per opera delle apposite Commissioni mediche istituite presso le ASL.
Con l'occasione si rammenta che il limite di due anni deve essere conteggiato con riferimento a tutti i beneficiari e per ogni soggetto disabile e che il periodo in questione rientra nell'ambito dei due anni di congedo riconosciuto, ai sensi dell'art.4, comma 2, della legge 8 marzo 2000 n. 53, a ciascun lavoratore dipendente in occasione di gravi e documentati motivi familiari.
Eventuali periodi già fruiti a tale titolo devono essere decurtati dal periodo relativo al congedo ex art. 42 citato. I periodi di cui all'oggetto sono utili ai

40

congedo incide negativamente sulla maturazione delle ferie salvo indicazioni più di favorevoli dei singoli Contratti Collettivi Nazionali di Lavoro. Nel CCNL comparto scuola 2006/2009 sono assenti indicazioni più favorevole.

L'articolo 42, comma 5, del Decreto Legislativo n. 151/2001 prevede che l'indennità per il congedo venga corrisposta nella misura dell'ultima retribuzione ricevuta e cioè quella percepita nell'ultimo mese di lavoro che precede il congedo, comprensiva quindi del rateo per tredicesima mensilità, altre mensilità aggiuntive, gratifiche, indennità, premi ecc. Tale indicazione è ripresa dall'INPDAP (Circolare 10 gennaio 2002, n. 2).

Nell'indennità mensile è quindi già compresa anche la tredicesima.

Il fatto che non vengano erogate tredici indennità mensili non deve quindi trarre in inganno.

---

fini del trattamento di quiescenza con versamento contributivo da parte dell'ente datore di lavoro. I medesimi non sono valutabili né ai fini del trattamento di fine servizio né del TFR (Circolare n. 11 del 12-3-2001 D.C.P.P.).

Si chiarisce che il periodo di congedo, durante il quale è prevista la corresponsione di un'indennità pari all'ultima retribuzione mensile percepita dal lavoratore, comprensiva dei ratei di 13° mensilità, altre eventuali gratifiche e premi o indennità non legati alla presenza entro il limite massimo di euro 38.969,64 per l'anno 2004 (importo rivalutato in base alla variazione dell'indice ISTAT dei prezzi al consumo), incide negativamente ai fini della maturazione delle ferie, salvo diversa previsione contrattuale.

Quanto alla fruizione, si ricorda che il congedo può essere richiesto anche in modo frazionato e che, in tal caso, è necessaria l'effettiva ripresa del lavoro tra un periodo di assenza ed il successivo.

Per gli aspetti non innovati dalla presente nota, si richiamano comunque le istruzioni impartite da questo Istituto con la circolare n. 2 del 10 gennaio 2002 e le informative nn. 22 e 30 rispettivamente del 25 ottobre 2002 e del 21 luglio 2003 della Direzione Centrale Entrate.

La normativa vigente prevede esplicitamente che durante il periodo di congedo entrambi i genitori non possano usufruire dei benefici di cui all'articolo 33 della Legge 104/92, cioè dei permessi lavorativi di tre giorni mensili. Per essere più espliciti: se uno dei due genitori sta fruendo del congedo retribuito di due anni, l'altro non può richiedere la fruizione dei permessi mensili di tre giorni.

Vi sono due soli casi in cui per l'accesso ai congedi retribuiti vengono richiesti i requisiti di continuità ed esclusività dell'assistenza. Il primo caso è quello in cui il figlio sia maggiorenne e non convivente con i genitori. Il secondo caso è quello in cui i congedi vengano richiesti dai fratelli o sorelle conviventi con il disabile, dopo la scomparsa dei genitori o nel caso in cui questi ultimi siano inabili totali. In entrambi i casi, il lavoratore deve dimostrare di assicurare l'assistenza in via esclusiva e continuativa.

Quindi il requisito della convivenza è richiesto nel caso il congedo retribuito sia richiesto dai fratelli, dalle sorelle o dai figli della persona con handicap grave. Il concetto di "convivenza" tuttavia non è stato esplicitato dal Legislatore, né trova nessuna definizione nel Codice Civile.

Le disposizioni in materia di riposi e permessi per i figli con handicap grave si applicano anche in caso di adozione e di affidamento di soggetti con handicap in situazione di gravità[74].

5. CONGEDI PER LA MALATTIA DEL FIGLIO

---

[74] Art. 45, Decreto Legislativo 26 marzo 2001, n. 151.

Successivamente al periodo di astensione obbligatoria e sino al compimento del terzo anno di vita del bambino,per malattia figlio alle lavoratrici madri ed ai lavoratori padri sono riconosciuti trenta giorni per ciascun anno di età del bambino, computati complessivamente per entrambi i genitori, di assenza retribuita.[75] Per tale assenza spetta l'intera retribuzione fissa mensile nonché le quote di salario accessorio fisse e ricorrenti come nei casi di malattia superiore a 15 giorni consecutivi o in caso di ricovero ospedaliero e per il successivo periodo di convalescenza post-ricovero, secondo la disciplina di cui all'art. 17, comma 8 CCNL 2006/2009. l'assenza per malattia del figlio è da considerarsi servizio effettivamente prestato anche per quanto concerne l'eventuale proroga dell'incarico di supplenza[76].

Ciascun genitore, alternativamente, ha altresì diritto di astenersi dal lavoro, nel limite di cinque giorni lavorativi l'anno, per le malattie di ogni figlio di età compresa fra i tre e gli otto anni[77].

I periodi di assenza per congedo malattia figlio nel caso di fruizione continuativa, comprendono anche gli eventuali giorni festivi che ricadano all'interno degli stessi. Tale modalità di computo trova applicazione anche nel caso di fruizione frazionata, ove i diversi periodi di assenza non siano intervallati dal ritorno al lavoro del lavoratore o della lavoratrice.

Per fruire dei suddetti congedi il genitore deve presentare il certificato di malattia rilasciato da un medico

---

[75] Art.12 c. 5, CCNL 2006/2009
[76] Art.12 c. 2, CCNL 2006/2009
[77] Art.12 c. 5, CCNL 2006/2009

43

specialista del Servizio sanitario nazionale o con esso convenzionato.

La malattia del bambino che dia luogo a ricovero ospedaliero interrompe, a richiesta del genitore, il decorso delle ferie in godimento.

Ai congedi per malattia figlio non si applicano le disposizioni sul controllo della malattia del lavoratore.

Il congedo per la malattia del bambino spetta anche per le adozioni e gli affidamenti. Il limite di età è elevato a sei anni. Fino al compimento dell'ottavo anno di età e qualora, all'atto dell'adozione o dell'affidamento, il minore abbia un'età compresa fra i sei e i dodici anni, il congedo per la malattia del bambino è fruito nei primi tre anni dall'ingresso del minore nel nucleo ciascun genitore, alternativamente, ha altresì diritto di astenersi dal lavoro, nel limite di cinque giorni lavorativi all'anno, per le malattie di ogni figlio di età compresa fra i tre e gli otto anni [78].

6. LAVORO NOTTURNO [79]

È vietato adibire le donne al lavoro, dalle ore 24 alle ore 6, dall'accertamento dello stato di gravidanza fino al compimento di un anno di età del bambino.

Non sono obbligati a prestare lavoro notturno:

a) la lavoratrice madre di un figlio di età inferiore a tre anni o, in alternativa, il lavoratore padre convivente con la stessa;

b) la lavoratrice o il lavoratore che sia l'unico genitore affidatario di un figlio convivente di età inferiore a dodici anni.

---

[78] Art. 47 c. 2, Decreto Legislativo 26 marzo 2001, n. 151.
[79] Art.53, c. 1, Decreto Legislativo 26 marzo 2001, n. 151.

Non sono altresì obbligati a prestare lavoro notturno la lavoratrice o il lavoratore che abbia a proprio carico un soggetto disabile ai sensi della legge 5 febbraio 1992, n. 104, e successive modificazioni[80].

7. ASSEGNAZIONE TEMPORANEA DEI LAVORATORI DIPENDENTI ALLE AMMINISTRAZIONI PUBBLICHE[81]

Il genitore con figli minori fino a tre anni di età dipendente di amministrazioni pubbliche [82], può essere assegnato, a richiesta, anche in modo frazionato e per un periodo complessivamente non superiore a tre anni, ad una sede di servizio ubicata nella stessa provincia o regione nella quale l'altro genitore esercita la propria attività lavorativa, subordinatamente alla sussistenza di un posto vacante e disponibile di corrispondente posizione retributiva e previo assenso delle amministrazioni di provenienza e destinazione. L'eventuale dissenso deve essere motivato. L'assenso o il dissenso devono essere comunicati all'interessato entro trenta giorni dalla domanda.

---

[80] Ai sensi dell'articolo 5, comma 2, lettera c), della legge 9 dicembre 1977, n. 903, *Circa la* locuzione "a proprio carico" si veda la Risoluzione del Ministero del lavoro del 6 febbraio 2009, n. 4

[81] Art. 42- bis, Decreto Legislativo 26 marzo 2001, n. 151

[82] Art. 1 c.2, decreto legislativo 30 marzo 2001, n. 165 "Per amministrazioni pubbliche si intendono tutte le amministrazioni dello Stato, ivi compresi gli istituti e scuole di ogni ordine e grado e le istituzioni educative, le aziende ed amministrazioni dello Stato ad ordinamento autonomo, le Regioni, le Province, i Comuni, le Comunità montane. e loro consorzi e associazioni, le istituzioni universitarie, gli Istituti autonomi case popolari, le Camere di commercio, industria, artigianato e agricoltura e loro associazioni, tutti gli enti pubblici non economici nazionali, regionali e locali, le amministrazioni, le aziende e gli enti del Servizio sanitario nazionale".

Il posto temporaneamente lasciato libero non si renderà disponibile ai fini di una nuova assunzione[83].

8. DIVIETO DI LICENZIAMENTO E DIMISSIONI, DIRITTO AL RIENTRO

Le lavoratrici non possono essere licenziate dall'inizio del periodo di gravidanza fino al termine dei periodi di interdizione dal lavoro, nonché fino al compimento di un anno di età del bambino. Il divieto di licenziamento opera in connessione con lo stato oggettivo di gravidanza, e la lavoratrice, licenziata nel corso del periodo in cui opera il divieto, è tenuta a presentare al datore di lavoro idonea certificazione dalla quale risulti l'esistenza all'epoca del licenziamento, delle condizioni che lo vietavano.

Il divieto di licenziamento non si applica nel caso:
a) di colpa grave da parte della lavoratrice, costituente giusta causa per la risoluzione del rapporto di lavoro;
b) di cessazione dell'attività dell'azienda cui essa è addetta;
c) di ultimazione della prestazione per la quale la lavoratrice è stata assunta o di risoluzione del rapporto di lavoro per la scadenza del termine;
d) di esito negativo della prova; resta fermo il divieto di discriminazione di cui all'articolo 4 della legge 10 aprile 1991, n. 125, e successive modificazioni.

Durante il periodo nel quale opera il divieto di licenziamento, la lavoratrice non può essere sospesa dal lavoro, salvo il caso che sia sospesa l'attività dell'azienda o del reparto cui essa è addetta, sempreché il reparto

---

[83] il presente articolo è stato inserito dal comma 105 dell'articolo 3 della della legge 24 dicembre 2003, n. 350

stesso abbia autonomia funzionale. La lavoratrice non può altresì essere collocata in mobilità a seguito di licenziamento collettivo ai sensi della legge 23 luglio 1991, n. 223, salvo l'ipotesi di collocamento in mobilità a seguito della cessazione dell'attività dell'azienda.

Il licenziamento intimato alla lavoratrice in violazione delle suddette disposizioni è nullo.

È altresì nullo il licenziamento causato dalla domanda o dalla fruizione del congedo parentale e per la malattia del bambino da parte della lavoratrice o del lavoratore.

In caso di fruizione del congedo di paternità il divieto di licenziamento si applica anche al padre lavoratore per la durata del congedo stesso e si estende fino al compimento di un anno di età del bambino. L'inosservanza delle disposizioni contenute nel presente articolo è punita con la sanzione amministrativa da lire due milioni a lire cinque milioni. Non è ammesso il pagamento in misura ridotta di cui all'articolo 16 della legge 24 novembre 1981, n. 689.

Le suddette disposizioni si applicano anche in caso di adozione e di affidamento. Il divieto di licenziamento si applica fino a un anno dall'ingresso del minore nel nucleo familiare, in caso di fruizione del congedo di maternità e di paternità.[84]

In caso di dimissioni volontarie presentate durante il periodo per cui è previsto, a norma dell'articolo 54 Decreto Legislativo 26 marzo 2001, n. 151, il divieto di licenziamento, la lavoratrice ha diritto alle indennità previste da disposizioni di legge e contrattuali per il caso di licenziamento. La disposizione di cui sopra si applica al padre lavoratore che ha fruito del congedo di paternità, e nel caso di adozione e di affidamento, entro un anno

---

[84] Art. 54, Decreto Legislativo 26 marzo 2001, n. 151

dall'ingresso del minore nel nucleo familiare. La richiesta di dimissioni presentata dalla lavoratrice, durante il periodo di gravidanza, e dalla lavoratrice o dal lavoratore durante il primo anno di vita del bambino o nel primo anno di accoglienza del minore adottato o in affidamento, deve essere convalidata dal servizio ispettivo del Ministero del lavoro, competente per territorio. A detta convalida è condizionata la risoluzione del rapporto di lavoro.

Nel caso di dimissioni di cui al presente articolo, la lavoratrice o il lavoratore non sono tenuti al preavviso[85].

Al termine dei periodi di divieto di lavoro salvo rinucia, le lavoratrici hanno diritto di conservare il posto di lavoro e di rientrare nella stessa unità produttiva ove erano occupate all'inizio del periodo di gravidanza o in altra ubicata nel medesimo comune, e di permanervi fino al compimento di un anno di età del bambino; hanno altresì diritto di essere adibite alle mansioni da ultimo svolte o a mansioni equivalenti. La disposizione si applica anche al lavoratore al rientro al lavoro dopo la fruizione del congedo di paternità.

Negli altri casi di congedo, di permesso o di riposo disciplinati dal testo unico, la lavoratrice e il lavoratore, salvo rinuncia, hanno diritto alla conservazione del posto di lavoro e al rientro nella stessa unità produttiva ove erano occupati al momento della richiesta, o in altra ubicata nel medesimo comune; hanno altresì diritto di essere adibiti alle mansioni da ultimo svolte o a mansioni equivalenti. Le suddette disposizioni si applicano anche in caso di adozione e di affidamento. Le disposizioni di cui art. 56, Decreto Legislativo 26 marzo 2001, n. 151 commi 1 e 2 si applicano fino a un anno dall'ingresso del

---

[85] Art. 55, Decreto Legislativo 26 marzo 2001, n. 151.

minore nel nucleo familiare.[86] L'inosservanza delle disposizioni contenute nell'art.56 del T.U. sulla maternità é punita con la sanzione amministrativa di cui all'articolo 54, comma 8. Non e' ammesso il pagamento in misura ridotta di cui all'articolo 16 della legge 24 novembre 1981, n. 689.

9. ELENCO DEI LAVORI FATICOSI, PERICOLOSI E INSALUBRI[87]

Il divieto di cui all'art. 7, primo comma, del testo unico si intende riferito al trasporto, sia a braccia e a spalle, sia con carretti a ruote su strada o su guida, e al sollevamento dei pesi, compreso il carico e scarico e ogni altra operazione connessa.

I lavori faticosi, pericolosi ed insalubri, vietati ai sensi dello stesso articolo, sono i seguenti:

A) quelli previsti dal decreto legislativo 4 agosto 1999, n. 345 e dal decreto legislativo 18 agosto 2000, n. 262;

B) quelli indicati nella tabella allegata al decreto del Presidente della Repubblica 19 marzo 1956, n. 303, per i quali vige l'obbligo delle visite mediche preventive e periodiche: durante la gestazione e per 7 mesi dopo il parto;

C) quelli che espongono alla silicosi e all'asbestosi, nonché alle altre malattie professionali di cui agli allegati 4 e 5 al decreto del Presidente della Repubblica 30

---

[86] Art. 56, Decreto Legislativo 26 marzo 2001, n. 151.

[87] Allegato A - Art. 5 del decreto del Presidente della Repubblica 25 novembre 1976, n. 1026 di cui all'art. 7 del Decreto Legislativo 26 marzo 2001, n. 151.

giugno 1965, n. 1124, e successive modificazioni: durante la gestazione e fino a 7 mesi dopo il parto;

D) i lavori che comportano l'esposizione alle radiazioni ionizzanti: durante la gestazione e per 7 mesi dopo il parto;

E) i lavori su scale ed impalcature mobili e fisse: durante la gestazione e fino al termine del periodo di interdizione dal lavoro;

F) i lavori di manovalanza pesante: durante la gestazione e fino al termine del periodo di interdizione dal lavoro;

G) i lavori che comportano una stazione in piedi per più di metà dell'orario o che obbligano ad una posizione particolarmente affaticante, durante la gestazione e fino al termine del periodo di interdizione dal lavoro;

H) i lavori con macchina mossa a pedale, o comandata a pedale, quando il ritmo del movimento sia frequente, o esiga un notevole sforzo: durante la gestazione e fino al termine del periodo di interdizione dal lavoro;

I) i lavori con macchine scuotenti o con utensili che trasmettono intense vibrazioni: durante la gestazione e fino al termine del periodo di interdizione dal lavoro;

L) i lavori di assistenza e cura degli infermi nei sanatori e nei reparti per malattie infettive e per malattie nervose e mentali: durante la gestazione e per 7 mesi dopo il parto;

M) i lavori agricoli che implicano la manipolazione e l'uso di sostanze tossiche o altrimenti nocive nella concimazione del terreno e nella cura del bestiame: durante la gestazione e per 7 mesi dopo il parto;

N) i lavori di monda e trapianto del riso: durante la gestazione e fino al termine del periodo di interdizione dal lavoro;

O) i lavori a bordo delle navi, degli aerei, dei treni, dei pullman e di ogni altro mezzo di comunicazione in moto:

durante la gestazione e fino al termine del periodo di interdizione dal lavoro.

10. ELENCO NON ESAURIENTE DI AGENTI E CONDIZIONI DI LAVORO [88]

A. Lavoratrici gestanti di cui all'art. 6 del testo unico.
1. Agenti:
a) agenti fisici: lavoro in atmosfera di sovrapressione elevata, ad esempio in camere sotto pressione, immersione subacquea;
b) agenti biologici:
toxoplasma;
virus della rosolia, a meno che sussista la prova che la lavoratrice è sufficientemente protetta contro questi agenti dal suo stato di immunizzazione;
c) agenti chimici: piombo e suoi derivati, nella misura in cui questi agenti possono essere assorbiti dall'organismo umano.
2. Condizioni di lavoro: lavori sotterranei di carattere minerario.
B. Lavoratrici in periodo successivo al parto di cui all'art. 6 del testo unico.
1. Agenti:
a) agenti chimici: piombo e suoi derivati, nella misura in cui tali agenti possono essere assorbiti dall'organismo umano.
2. Condizioni di lavoro: lavori sotterranei di carattere minerario.

---

[88] Allegato B - Art. 5 del decreto del Presidente della Repubblica 25 novembre 1976, n. 1026 di cui all'art. 7 del Decreto Legislativo 26 marzo 2001, n. 151

11. ELENCO NON ESAURIENTE DI AGENTI PROCESSI E CONDIZIONI DI LAVORO [89]

A. Agenti.

1. Agenti fisici, allorché vengono considerati come agenti che comportano lesioni del feto e/o rischiano di provocare il distacco della placenta, in particolare:

a) colpi, vibrazioni meccaniche o movimenti;

b) movimentazione manuale di carichi pesanti che comportano rischi, soprattutto dorsolombari;

c) rumore;

d) radiazioni ionizzanti;

e) radiazioni non ionizzanti;

f) sollecitazioni termiche;

g) movimenti e posizioni di lavoro, spostamenti, sia all'interno sia all'esterno dello stabilimento, fatica mentale e fisica e altri disagi fisici connessi all'attività svolta dalle lavoratrici di cui all'art. 1.

2. Agenti biologici.

Agenti biologici dei gruppi di rischio da 2 a 4 ai sensi dell'art. 75 del decreto legislativo 19 settembre 1994, n. 626, e successive modificazioni ed integrazioni, nella misura in cui sia noto che tali agenti o le terapie che essi rendono necessarie mettono in pericolo la salute delle gestanti e del nascituro, sempreché non figurino ancora nell'allegato II.

3. Agenti chimici.

Gli agenti chimici seguenti, nella misura in cui sia noto che mettono in pericolo la salute delle gestanti e del nascituro, sempreché non figurino ancora nell'allegato II:

---

[89] Allegato C - Art. 5 del decreto del Presidente della Repubblica 25 novembre 1976, n. 1026 di cui all'art. 11 del Decreto Legislativo 26 marzo 2001, n. 151

a) sostanze etichettate R 40; R 45; R 46 e R 47 ai sensi della direttiva n. 67/548/CEE, purchè non figurino ancora nell'allegato II;

b) agenti chimici che figurano nell'allegato VIII del decreto legislativo 19 settembre 1994, n. 626, e successive modificazioni ed integrazioni;

c) mercurio e suoi derivati;

d) medicamenti antimitotici;

e) monossido di carbonio;

f) agenti chimici pericolosi di comprovato assorbimento cutaneo.

B. Processi.

Processi industriali che figurano nell'allegato VIII del decreto legislativo 19 settembre 1994, n. 626, e successive modificazioni ed integrazioni.

12. SCHEDE DI SINTESI

Controlli prenatali	Permessi per esami e accertamenti	Presentare richiesta prima e giustificativa dopo.	Retribuzione:100%
Congedo maternità	2 mesi prima della data presunta del parto Nell'intervallo della data presunta del parto e quella effettiva 3 mesi dopo il parto, decorrenti dal giorno successivo alla nascita	Presentare domanda due mesi prima data presunta parto. Entro 30 gg. dalla nascita figlio presentare certificato di nascita o dichiarazione sostitutiva giustificativa dopo.	**Personale a tempo indeterminato:** retribuzione:100% compreso trattamento accessorio per i soli periodi coincidenti con la sussistenza del rapporto di lavoro . Il periodo è utile ad ogni effetto. ------------------------ **Personale a tempo determinato:** retribuzione:100% compreso trattamento accessorio per la sola durata della nomina. Per il periodo fuori nomina spetta indennità 80% della retribuzione . Tale indennità spetta anche se il congedo sia intervenuto entro 60 gg. Dalla cessazione del precedente rapporto di lavoro. Oltre i 60 gg. se percepisce

| | | | | l'indennità di disoccupazione ha diritto all'indennità di maternità. Se non è in godimento di indennità disoccupazione spetta indennità di maternità se negli ultimi 2 anni era dipendente non soggetta obbligo assicurativo e non siano trascorsi 180 gg. dalla data di disoccupazione. Ai fini pensionistici vanno riscattati solo quelli dopo il 27/04/2001 Validità servizio: entro i limiti di durata del rapporto è utile alle ferie e alla 13.ma mensilità ------------------------- **Il giorno del parto non va considerato né nei due mesi antecedenti né nei tre mesi successivi.** |

| Interdizione dal servizio per gravi complicanze di gestazione | Da usufruire in uno o più periodi, prima dei due mesi del congedo maternità. | Presentare istanza, in carta semplice, all'Ispettorato Provinciale del Lavoro della provincia di competenza. Allegare alla domanda d'interdizione dal servizio un certificato medico, rilasciato dallo specialista, attestante:
 - le generalità della dipendente
 - l'indicazione della scuola di appartenenza
 - il mese di gestazione alla data della visita
 - la data presunta del parto e il periodo concesso di complicanza gestazione

 L'Ispettorato è tenuto al rilascio di ricevuta e dispone l'interdizione dal lavoro dell'interessata fino all'inizio della astensione obbligatoria. L'Ispettorato dispone l'accertamento entro 7 giorni, dal giorno successivo a quello della ricezione dell'istanza dell'interessata.

 Presentare domanda al Dirigente Scolastico con allegata la ricevuta dell'Ispettorato del Lavoro dà diritto alla dipendente di assentarsi per il tempo indicato nel certificato medico | **Personale a tempo indeterminato** retribuzione 100% compreso trattamento accessorio per i soli periodi coincidenti con la sussistenza del rapporto di lavoro Il periodo è utile ad ogni effetto.

 Personale a tempo determinato retribuzione 100% compreso trattamento accessorio per la sola durata della nomina. Per il periodo fuori nomina spetta indennità 80% della retribuzione. Tale indennità spetta anche se il congedo sia intervenuto entro 60 gg. Dalla cessazione del precedente rapporto di lavoro. Oltre i 60 gg. se percepisce l'indennità di disoccupazione ha diritto all'indennità di maternità. Se non è in godimento di indennità |

			disoccupazione spetta indennità di maternità se negli ultimi 2 anni era dipendente non soggetta obbligo assicurativo e non siano trascorsi 180 gg. dalla data di disoccupazione. Ai fini pensionistici vanno riscattati solo quelli dopo il 27/04/2001. Validità servizio: entro i limiti di durata del rapporto è utile alle ferie e alla 13.ma mensilità.
Interruzione della gravidanza	Dopo il 180° giorno dall'inizio della gestazione è considerata come parto. ------------------------------ Prima del 180° giorno dall'inizio della gestazione.		Spetta il congedo maternità dopo parto di tre mesi dal giorno successivo all'aborto. ---------------------------- E' considerata a tutti gli effetti come malattia: pertanto, la durata dell'assenza è legata alla "prognosi" del medico curante.

57

Parto prematuro		I giorni non goduti prima del parto si aggiungono al periodo post. parto di maternità obbligatoria.
	Il figlio prematuro ricoverato in ospedale.	Istanza per richiedere la decorrenza del periodo maternità post parto al rientro del figlio a casa con allegato certificato attestante che le condizioni di salute della lavoratrice permettono il rientro.
Flessibilità congedo maternità	1 mese prima del parto 4 mesi dopo il paro	Domanda datore di lavoro con certificato medico ASL e se previsto del medico competente.

Riduzione flessibilità congedo maternità	Implicito: in caso di malattia. Su istanza della lavoratrice.
Ferie	Le ferie che coincidono con l'interdizione e il congedo obbligatorio maternità vanno recuperate per il personale tempo indeterminato secondo quanto previsto dal CCNL 2006 e pagate al personale con contratto tempo determinato.
Anno di prova	Sono validi i primi 30 gg. di congedo obbligatorio di maternità.

58

Congedo maternità Adozioni e affidamenti	5 mesi	Adozione Nazionale: dall'entrata in famiglia Adozione Internazionale: prima dell'ingresso in Italia periodo per gli adempimenti o dopo l'ingresso in Italia In caso affidamenti dal giorno dall'affido	

Congedo prenatale	Nei primi 8 anni di vita del bambino	10 mesi (sommati madre+padre) anche contemporaneamente continuativi o frazionati elevabile a 11 mesi se il padre ne usufruisce di almeno 3 mesi. a)madre: dopo congedo maternità obbligatorio max 6 mesi; b)padre: dalla nascita figlio max 6 mesi c) genitore single:10 mesi continuativi o frazionati.	Retribuzione:intera per i primi 30 gg. entro i primi 3 anni di vita dl bambino. Non riducono le ferie e la tredicesima mensilità. Successivamente, entro i primi 3 anni di vita del bambino, max 6 mesi senza condizioni di reddito, retribuzione al 30% della retribuzione esclusi ferie, tredicesima mensilità. Dopo sei mesi se il reddito non supera 2,5 volte l'importo del trattamento minimo di pensione a carico dell'assicurazione generale

			obbligatoria retribuzione al 30% altrimenti nessuna retribuzione esclusi ferie, tredicesima mensilità
	Dopo gli otto anni	5 giorni	Non retribuiti
Adozioni e affidamenti			L'indennità è dovuta per il periodo massimo complessivo previsto 3 anni ingresso minore.

| **Riposi giornalieri** | 2 ore se l'orario giornaliero è pari o superiore a sei ore.

1 ora se l'orario è inferiore a sei ore.

In caso di parto plurimo sono raddoppiati e le ore aggiuntive possono essere fruibili dal padre Fruibili anche dal padre in caso di affido,se la madre dipendente non se ne avvale, se la madre non lavora, per morte o infermità madre | Considerate ore lavorative . |

Congedo malattia figlio	30 giorni per ogni anno fino terzo anno di vita del bambino		Retribuzione100%

Riposi e permessi figli con handicap grave	Due ore di riposo giornaliero in alternativa al prolungamento congedo parentale fino al compimento terzo anno d vita bambino		Retribuzione:100%
	Dopo il terzo anno di vita 3 giorni di permesso mensili		Retribuzione:100%
Congedo biennale	2 anni congedo retribuito		Retribuzione:Indennità corrispondente ultima retribuzione comprendente rato tredicesima e coperti da fino a un massimo di € 36151,98 annue rivalutato annualmente. Non si maturano ferie

13. DIRETTIVA 2010/18/UE DEL CONSIGLIO dell'8 marzo 2010 che attua l'accordo quadro riveduto in materia di congedo parentale concluso da BUSINESSEUROPE, UEAPME, CEEP e CES e abroga la direttiva 96/34/CE
ALLEGATO
ACCORDO QUADRO SUL CONGEDO PARENTALE (RIVEDUTO)
18 giugno 2009
Premessa

Il presente accordo quadro tra le parti sociali europee BUSINESSEUROPE, UEAPME, CEEP e CES (con il comitato di collegamento Eurocadres/CEC) rappresenta una revisione dell'accordo quadro sul congedo parentale concluso il 14 dicembre 1995, che stabilisce prescrizioni minime sul congedo parentale, inteso quale importante strumento per conciliare vita professionale e responsabilità familiari e per promuovere la parità di opportunità e di trattamento tra gli uomini e le donne. Le parti sociali europee invitano la Commissione a sottoporre il presente accordo quadro al Consiglio affinché questi, tramite una decisione, renda tali prescrizioni minime vincolanti negli Stati membri dell'Unione europea.

I. Osservazioni generali

1. Visto il trattato CE, in particolare gli articoli 138 e 139 (*);

2. visti l'articolo 137, paragrafo 1, lettera c), e l'articolo 141 del trattato CE (**), così come il principio della parità di trattamento [articoli 2, 3 e 13 del trattato CE (***)] e il diritto derivato basato su tale principio, in particolare la direttiva 75/117/CEE del Consiglio, per il ravvicinamento delle legislazioni degli Stati membri relative all'applicazione del principio della parità delle retribuzioni tra i lavoratori di sesso maschile e quelli di sesso femminile (1); la direttiva 92/85/CEE del Consiglio, concernente l'attuazione di misure volte a promuovere il miglioramento della sicurezza e della salute sul lavoro delle lavoratrici gestanti, puerpere o in periodo di allattamento (2); la direttiva 96/97/CE del Consiglio, che modifica la direttiva 86/378/CEE relativa all'attuazione del principio della parità di trattamento tra gli uomini e le donne nei regimi professionali di sicurezza sociale (3); e la direttiva 2006/54/CE del Parlamento europeo e del Consiglio, riguardante l'attuazione del principio delle pari opportunità e della parità di trattamento fra uomini e donne in materia di occupazione e impiego (rifusione) (4);

3. vista la Carta dei diritti fondamentali dell'Unione europea del 7 dicembre 2000, in particolare gli articoli 23 e 33 relativi alla parità tra uomini e donne e alla conciliazione di vita professionale, vita privata e vita familiare;

4. vista la relazione del 2003 della Commissione sull'attuazione della direttiva 96/34/CE del Consiglio, del 3 giugno 1996, concernente l'accordo quadro sul congedo parentale concluso dall'UNICE, dal CEEP e dalla CES;

5. visti l'obiettivo della strategia di Lisbona per la crescita e l'occupazione, di portare i tassi di occupazione complessivi al 70 %, i tassi di occupazione femminile al 60 % e quelli di occupazione dei lavoratori anziani al 50 %, gli obiettivi di Barcellona sulla disponibilità delle strutture per la custodia dei bambini, e il contributo al conseguimento di questi obiettivi apportato dalle politiche volte a meglio conciliare vita professionale, vita privata e vita familiare;

6. visto il quadro d'azione sulla parità di genere delle parti sociali europee, del 22 marzo 2005, in cui la promozione dell'equilibrio tra vita e lavoro è considerata un settore d'azione prioritario, pur riconoscendo che per continuare a compiere progressi nell'ambito della conciliazione occorre mettere in atto una formula politica equilibrata, integrata e coerente, nella quale rientrino disposizioni sul congedo, disposizioni sulle modalità di lavoro e strutture di custodia;

7. considerando che le misure volte a migliorare la riconciliazione rientrano in un programma politico più ampio, destinato a rispondere alle esigenze dei datori di lavoro e dei lavoratori e a migliorare l'adattabilità e l'occupabilità nel quadro dell'approccio di flessicurezza;

8. considerando che le politiche familiari dovrebbero contribuire al conseguimento della parità di genere e che andrebbero considerate alla luce dell'evoluzione demografica, delle conseguenze dell'invecchiamento della popolazione, del superamento del divario generazionale, della promozione della partecipazione delle donne al mondo del lavoro e della ripartizione delle responsabilità familiari tra donne e uomini;

9. considerando che la Commissione ha consultato le parti sociali nel 2006 e nel 2007 durante la prima e la seconda fase di consultazione sulla conciliazione di vita professionale, vita privata e vita familiare, affrontando tra l'altro la questione dell'aggiornamento del quadro normativo a livello comunitario, e che ha invitato le parti sociali

europe ad esaminare le disposizioni del loro accordo quadro sul congedo parentale ai fini di una revisione;

10. considerando che l'accordo quadro sul congedo parentale concluso dalle parti sociali nel 1995 è stato un catalizzatore di cambiamenti positivi, garantendo una base comune sull'equilibrio tra vita e lavoro negli Stati membri e svolgendo un ruolo significativo nell'aiutare i genitori che lavorano in Europa ad ottenere una migliore conciliazione; ma che comunque, in seguito a una valutazione comune, le parti sociali ritengono che alcuni elementi dell'accordo vadano adeguati o riveduti ai fini di una migliore realizzazione dei suoi obiettivi;

11. considerando che occorre adeguare alcuni aspetti, tenendo conto della crescente diversità della forza lavoro e degli sviluppi sociali, compresa la crescente diversità delle strutture familiari, pur nel rispetto delle leggi, dei contratti collettivi e/o delle prassi nazionali;

12. considerando che in numerosi Stati membri l'invito agli uomini ad accettare un'equa ripartizione delle responsabilità familiari non ha apportato risultati sufficienti; e che pertanto andrebbero prese misure più efficaci per incoraggiare una più equa ripartizione delle responsabilità familiari tra uomini e donne;

13. considerando che numerosi Stati membri dispongono già di un'ampia gamma di provvedimenti e di pratiche relativi a congedi, strutture di custodia dei bambini e modalità di lavoro flessibili, adeguati alle esigenze dei lavoratori e dei datori di lavoro e destinati ad aiutare i genitori a conciliare vita professionale, vita privata e vita familiare; e che tali provvedimenti e pratiche dovrebbero essere tenuti in considerazione in fase di attuazione del presente accordo;

14. considerando che il presente accordo quadro costituisce un elemento delle azioni intraprese dalle parti sociali europee nel settore della conciliazione;

15. considerando che il presente accordo è un accordo quadro che stabilisce prescrizioni minime e disposizioni sul congedo parentale, distinto dal congedo di maternità, e sull'assenza dal lavoro per cause di forza maggiore e rinvia agli Stati membri e alle parti sociali per la determinazione delle condizioni di accesso e delle modalità di applicazione, affinché si tenga conto della situazione di ciascuno Stato membro;

16. considerando che il diritto al congedo parentale nel presente accordo è un diritto individuale e in linea di principio non trasferibile e che gli Stati membri sono autorizzati a renderlo trasferibile.

L'esperienza dimostra che rendere il congedo non trasferibile può costituire un incentivo positivo per l'esercizio del congedo da parte dei padri, pertanto le parti sociali concordano di rendere una parte del congedo non trasferibile;

17. considerando che è importante tener conto delle esigenze specifiche dei genitori di figli con disabilità o malattie a lungo decorso;

18. considerando che gli Stati membri dovrebbero prevedere il mantenimento dei diritti alle prestazioni in natura effettuate a titolo di assicurazione malattia durante il periodo minimo di congedo parentale;

19. considerando che, durante la fase di attuazione del presente accordo, gli Stati membri dovrebbero inoltre, ove risulti opportuno in considerazione delle condizioni nazionali e della situazione di bilancio, valutare il mantenimento dei diritti alle prestazioni di previdenza sociale durante il periodo minimo di congedo parentale, così come il ruolo del reddito tra i vari fattori rilevanti per l'esercizio del congedo parentale;

20. considerando che le esperienze negli Stati membri hanno dimostrato che il livello di reddito durante il congedo parentale costituisce uno dei fattori che ne influenzano l'esercizio da parte dei genitori, soprattutto dei padri;

21. considerando che l'accesso a modalità di lavoro flessibili agevola per i genitori la combinazione di responsabilità professionali e familiari e facilita la reintegrazione nel posto di lavoro, in particolare dopo il ritorno dal congedo parentale;

22. considerando che le disposizioni sul congedo parentale sono destinate ad aiutare per un periodo specifico i genitori che lavorano, al fine di mantenere e promuovere la loro ininterrotta partecipazione al mercato del lavoro; e che pertanto è opportuno prestare maggiore attenzione alla necessità di mantenere i contatti con il datore di lavoro durante il congedo o di prendere accordi per il ritorno all'attività professionale;

23. considerando che il presente accordo tiene conto della necessità di migliorare le esigenze della politica sociale, di favorire la competitività dell'economia dell'Unione europea e di evitare di imporre vincoli amministrativi, finanziari e giuridici di natura tale da ostacolare la creazione e lo sviluppo delle piccole e medie imprese;

24. considerando che le parti sociali sono le più qualificate per trovare soluzioni che rispondano alle esigenze sia dei datori di

lavoro che dei lavoratori e che pertanto avranno un ruolo specifico nell'attuazione, nell'applicazione, nel monitoraggio e nella valutazione del presente accordo, nel quadro più ampio di altre misure volte a migliorare la conciliazione di vita professionale e responsabilità familiari e a promuovere la parità di opportunità e di trattamento tra gli uomini e le donne

LE PARTI FIRMATARIE HANNO CONVENUTO QUANTO SEGUE:

II. *Contenuto*

Clausola 1 :Oggetto e ambito d'applicazione

1. Il presente accordo stabilisce prescrizioni minime volte ad agevolare la conciliazione delle responsabilità familiari e professionali dei genitori che lavorano, tenendo conto della crescente diversità delle strutture familiari nel rispetto delle leggi, dei contratti collettivi e/o delle prassi nazionali. 2. Il presente accordo si applica a tutti i lavoratori, di ambo i sessi, aventi un contratto o un rapporto di lavoro definito dalle leggi, dai contratti collettivi e/o dalle prassi vigenti in ciascuno Stato membro. 3. Gli Stati membri e/o le parti sociali non escludono dall'ambito di applicazione del presente accordo i lavoratori, i contratti di lavoro o i rapporti di lavoro unicamente per il fatto che riguardano lavoratori a tempo parziale, lavoratori a tempo determinato o persone che hanno un contratto di lavoro o un rapporto di lavoro con un'agenzia interinale.

Clausola 2: Congedo parentale

1. Il presente accordo attribuisce ai lavoratori di ambo i sessi il diritto individuale al congedo parentale per la nascita o l'adozione di un figlio, affinché possano averne cura fino a una determinata età, non superiore a otto anni, che deve essere definita dagli Stati membri e/o dalle parti sociali. 2. Il congedo è accordato per un periodo minimo di quattro mesi e, per promuovere la parità di opportunità e di trattamento tra gli uomini e le donne, andrebbe previsto, in linea di principio, in forma non trasferibile. Per incoraggiare una più equa ripartizione del congedo parentale tra i due genitori, almeno uno dei quattro mesi è attribuito in forma non trasferibile. Le modalità di applicazione del periodo non trasferibile sono fissate a livello nazionale attraverso la legislazione e/o contratti collettivi, tenendo conto delle disposizioni sul congedo in vigore negli Stati membri.

Clausola 3: Modalità di applicazione

1. Le condizioni di accesso e le modalità di applicazione del congedo parentale sono definite per legge e/o mediante contratti

66

collettivi negli Stati membri, nel rispetto delle prescrizioni minime del presente accordo. Gli Stati membri e/o le parti sociali possono in particolare: a) stabilire che il congedo parentale sia accordato a tempo pieno, a tempo parziale, in modo frammentato o nella forma di un credito di tempo, tenendo conto delle esigenze dei datori di lavoro e dei lavoratori; b) subordinare il diritto al congedo parentale a una determinata anzianità lavorativa e/o aziendale che non può superare un anno; quando ricorrono a tale disposizione gli Stati membri e/o le parti sociali assicurano che in caso di più contratti a tempo determinato, quale definito nella direttiva 1999/70/CE del Consiglio sul tempo determinato, presso lo stesso datore di lavoro occorre tener conto della durata complessiva di tali contratti per il calcolo dell'anzianità; c) definire le circostanze alle quali un datore di lavoro, in seguito a una consultazione a norma delle leggi, dei contratti collettivi e/o delle prassi nazionali, è autorizzato a differire la concessione del congedo parentale per ragioni giustificabili connesse al funzionamento dell'organizzazione. Qualsiasi difficoltà derivante dall'applicazione della presente disposizione dovrebbe essere risolta conformemente alle leggi, ai contratti collettivi e/o alle prassi nazionali; d) in aggiunta alla lettera c), autorizzare accordi particolari intesi a soddisfare le esigenze operative e organizzative delle piccole imprese. 2. Gli Stati membri e/o le parti sociali fissano i termini del preavviso che il lavoratore deve dare al datore di lavoro quando intende esercitare il diritto al congedo parentale, con l'indicazione dell'inizio e della fine del periodo di congedo. Nel definire la durata di detti termini di preavviso gli Stati membri e/o le parti sociali tengono conto degli interessi dei lavoratori e dei datori di lavoro. 3. Gli Stati membri e/o le parti sociali dovrebbero valutare la necessità di adeguare le condizioni di accesso e le modalità di applicazione del congedo parentale alle esigenze dei genitori di figli con disabilità o malattie a lungo decorso. IT L 68/18 Gazzetta ufficiale dell'Unione europea 18.3.2010

Clausola 4: Adozioni
1. Gli Stati membri e/o le parti sociali valutano la necessità di ulteriori misure per rispondere alle esigenze specifiche dei genitori adottivi.

Clausola 5: Diritti dei lavoratori e non discriminazione
1. Al termine del congedo parentale, il lavoratore ha diritto di ritornare allo stesso posto di lavoro o, qualora ciò non sia possibile,

ad un lavoro equivalente o analogo che corrisponde al suo contratto o al suo rapporto di lavoro.

2. I diritti acquisiti o in via di acquisizione alla data di inizio del congedo parentale restano immutati fino alla fine del congedo parentale. Al termine del congedo parentale tali diritti si applicano con le eventuali modifiche derivanti dalle leggi, dai contratti collettivi e/o dalle prassi nazionali.

3. Gli Stati membri e/o le parti sociali definiscono il regime del contratto di lavoro o del rapporto di lavoro per il periodo del congedo parentale.

4. Onde assicurare che i lavoratori possano esercitare il diritto al congedo parentale, gli Stati membri e/o le parti sociali prendono le misure necessarie per proteggere i lavoratori da un trattamento meno favorevole o dal licenziamento causati dalla domanda o dall'esercizio del congedo parentale, conformemente alle leggi, ai contratti collettivi o alle prassi nazionali.

5. Tutte le questioni di previdenza sociale legate al presente accordo devono essere esaminate e determinate dagli Stati membri e/o dalle parti sociali secondo le leggi e/o i contratti collettivi nazionali, tenendo conto dell'importanza della continuità del diritto alle prestazioni di previdenza sociale nell'ambito dei diversi regimi, in particolare del diritto all'assistenza sanitaria.

Tutte le questioni relative al reddito connesse al presente accordo devono essere esaminate e determinate dagli Stati membri e/o dalle parti sociali conformemente alle leggi, ai contratti collettivi e/o alle prassi nazionali, tenendo conto, tra altri fattori, del ruolo del reddito nell'esercizio del congedo parentale.

Clausola 6: Rpresa dell'attività professionale

1. Al fine di promuovere una migliore conciliazione, gli Stati membri e/o le parti sociali prendono le misure necessarie per garantire ai lavoratori che tornano dal congedo parentale la possibilità di richiedere modifiche dell'orario lavorativo e/o dell'organizzazione della vita professionale per un periodo determinato. I datori di lavoro prendono in considerazione tali richieste e vi rispondono alla luce delle proprie esigenze e di quelle dei lavoratori.

Le modalità di applicazione del presente paragrafo sono determinate conformemente alle leggi, agli accordi collettivi e/o alle prassi nazionali.

2. Al fine di agevolare la ripresa dell'attività professionale dopo il congedo parentale i lavoratori e i datori di lavoro sono invitati a mantenersi in contatto durante il congedo e possono concordare adeguate misure di reintegrazione, che vanno decise tra le parti interessate tenendo conto delle leggi, dei contratti collettivi e/o delle prassi nazionali.

Clausola 7: Assenza dal lavoro per cause di forza maggiore

1. Gli Stati membri e/o le parti sociali prendono le misure necessarie per autorizzare i lavoratori ad assentarsi dal lavoro, conformemente alle leggi, ai contratti collettivi e/o alle prassi nazionali, per cause di forza maggiore derivanti da ragioni familiari urgenti connesse a malattie o infortuni che rendono indispensabile la presenza immediata del lavoratore.

2. Gli Stati membri e/o le parti sociali possono precisare le condizioni di accesso e le modalità di applicazione della clausola 7, paragrafo 1, e limitare tale diritto a una durata determinata per anno e/o per evento.

Clausola 8: Disposizioni finali

1. Gli Stati membri possono applicare o introdurre disposizioni più favorevoli di quelle previste nel presente accordo.

2. L'attuazione delle disposizioni del presente accordo non costituisce una giustificazione valida per la riduzione del livello generale di protezione dei lavoratori nel settore disciplinato dal presente accordo. Resta impregiudicato il diritto degli Stati membri e/o delle parti sociali di stabilire con l'evolversi della situazione (compresa l'introduzione della non trasferibilità) disposizioni legislative, regolamentari o contrattuali diverse, purché le prescrizioni minime previste nel presente accordo siano rispettate. IT 18.3.2010 Gazzetta ufficiale dell'Unione europea L 68/19

3. Il presente accordo lascia impregiudicato il diritto delle parti sociali di concludere, a livello appropriato, compreso quello europeo, convenzioni che adattino e/o integrino le sue disposizioni per tenere conto di circostanze particolari.

4. Gli Stati membri mettono in vigore le disposizioni legislative, regolamentari e amministrative necessarie per conformarsi alla decisione del Consiglio entro due anni dall'adozione della decisione ovvero si accertano che le parti sociali adottino le disposizioni necessarie mediante accordi prima della fine di tale periodo. Gli Stati membri, ove necessario in considerazione di difficoltà particolari o

dell'attuazione mediante contratti collettivi, possono disporre al massimo di un anno supplementare per conformarsi alla decisione.

5. La prevenzione e la risoluzione delle controversie e dei ricorsi risultanti dall'applicazione del presente accordo avvengono conformemente alle leggi, ai contratti collettivi e/o alle prassi nazionali.

6. Fatto salvo il ruolo della Commissione, dei giudici nazionali e della Corte di giustizia delle Comunità europee, qualsiasi questione relativa all'interpretazione del presente accordo a livello europeo dovrebbe innanzitutto essere sottoposta dalla Commissione alle parti firmatarie, che esprimeranno un parere.

7. Le parti firmatarie sottopongono a revisione l'applicazione del presente accordo cinque anni dopo la data della decisione del Consiglio, qualora una di esse lo richieda.

Fatto a Bruxelles, addì 18 giugno 2009.

Per la CES

John Monks

Segretario generale

A nome della delegazione sindacale

Per BUSINESSEUROPE

Philippe de Buck

Direttore generale

Per l'UEAPME

Andrea Benassi

Segretariato generale

Per il CEEP

Ralf Resch

Segretario generale IT L 68/20 Gazzetta ufficiale dell'Unione europea 18.3.2010

14. Modulistica

14.1. Modello permesso retribuito accertamenti clinici e visite mediche specialistiche prenatali

AL DIRIGENTE SCOLASTICO

_____

_____

OGGETTO: Visita medica prenatale

La sottoscritta ....,
nata a .... il ....,
in servizio presso codesta istituzione scolastica in qualità di
...................................., con contratto di lavoro a tempo
indeterminato/determinato, gestante al .... mese di
gravidanza, comunica che ai sensi dell'art. 14 del decreto legislativo
26 marzo 2001, n. 151 e successive modificazioni, si asterrà dal
lavoro ne.... giorn... ...., per effettuare dei **"controlli
prenatali"**, come da certificato, che si allega, rilasciato dal dott.
.... in data ....
La sottoscritta produrrà, al rientro, certificato attestante la data e
l'orario di avvenuta effettuazione della visita.

"La sottoscritta dichiara di essere informata, ai sensi e per gli effetti di cui all'art. 13
del D. L.vo n. 196/2003, che i dati personali, di cui alla presente istanza, sono richiesti
obbligatoriamente ai fini del procedimento. Gli stessi, trattati anche con strumenti
informatici, non saranno diffusi ma potranno essere comunicati soltanto ai soggetti
pubblici per eventuale seguito di competenza. L'interessato potrà esercitare i diritti di
cui all'art. 7 del D. L.vo n. 196/03".

Data_____ Firma_____

14.2. Modello richiesta congedo maternità pre-parto (da presentare fine settimo mese)

AL DIRIGENTE SCOLASTICO

_____

_____

La sottoscritta _____ nata a _____
il _____ in servizio presso codesta istituzione
scolastica in qualità di _____ con contratto a
tempo indeterminato/determinato.

CHIEDE

di poter usufruire del congedo maternità pre - parto prevista dall'art.
16 del D.L. 26 marzo 2001, n. 151 e successive modificazioni a
decorrere dal _____ visto che la data
presunta del parto è il _____.
A tal fine allega il certificato medico di gravidanza indicante la data
presunta del parto.

"La sottoscritta dichiara di essere informata, ai sensi e per gli effetti di cui all'art. 13
del D. L.vo n. 196/2003, che i dati personali, di cui alla presente istanza, sono richiesti
obbligatoriamente ai fini del procedimento. Gli stessi, trattati anche con strumenti
informatici, non saranno diffusi ma potranno essere comunicati soltanto ai soggetti
pubblici per eventuale seguito di competenza. L'interessato potrà esercitare i diritti di
cui all'art. 7 del D. L.vo n. 196/03".

Data_____ Firma_____

Recapito:_____

_____

72

14.3. Modello accettazione nomina personale tempo determinato in congedo di maternità o interdizione.

AL DIRIGENTE SCOLASTICO *(che conferisce la nomina)*_____

e p.c.

AL DIRIGENTE SCOLASTICO *(che attualmente gestisce   l'indennità   di maternità)*_____

OGGETTO: Conferimento supplenza dal _____al _____

La sottoscritta_____ nata a _____
il _____, individuata come destinataria del contratto a
Tempo Determinato in qualità di _____
per il periodo dal _____ al _____ per n. ore _____

DICHIARA
- di accettare la proposta di contratto;
- di trovarsi nel periodo di interdizione/ congedo maternità a decorrere dal _____ ;
- di ricevere l'indennità di maternità per n. _____ ore da parte dell'Istituzione Scolastica di _____ ;
- di aver depositato la documentazione originale relativa al congedo di maternità

L'Istituzione Scolastica che legge per conoscenza corrisponderà alla sottoscritta l'indennità di maternità fino al giorno precedente l'inizio del periodo indicato in oggetto e avrà cura di trasmettere alla Istituzione Scolastica prima nominata la documentazione medica relativa alla maternità.

"La sottoscritta dichiara di essere informata, ai sensi e per gli effetti di cui all'art. 13 del D. L.vo n. 196/2003, che i dati personali, di cui alla presente istanza, sono richiesti obbligatoriamente ai fini del procedimento. Gli stessi, trattati anche con strumenti informatici, non saranno diffusi ma potranno essere comunicati soltanto ai soggetti pubblici per eventuale seguito di competenza. L'interessato potrà esercitare i diritti di cui all'art. 7 del D. L.vo n. 196/03".

Data_____ Firma_____

14.4. Modello richiesta congedo di maternità post- parto

AL DIRIGENTE SCOLASTICO

_____

_____

La sottoscritta_____nata a
_____il
_____residente a _____via
_____ n___telefono / fax /
cellulare_____
_____in servizio presso codesta istituzione scolastica in
qualità di_____a tempo_____ in
congedo maternità prevista dall' art. 16 del D.L. 26 marzo 2001,n.
151 a decorrere dal_____data presunta
parto_____ (certificato in
vostro possesso) comunica che il parto è avvenuto in data
_____ e

CHIEDE

dal (1)_____ congedo maternità post-parto
A tal fine:
Consapevole delle responsabilità e delle sanzioni penali stabilite
dalla legge per false attestazioni e mendaci dichiarazioni, sotto la sua
personale responsabilità (art. 76 D.P.R. n. 445/2000),
   DICHIARA (art. 46 D.P.R. 28 dicembre 2000 n. 445)

-     che   il/la   figlio/a   di   nome   e
cognome_____è nato/a
_____ (prov. ....) il _____

"La sottoscritta dichiara di essere informata, ai sensi e per gli effetti di cui all'art. 13
del D. L.vo n. 196/2003, che i dati personali, di cui alla presente istanza, sono richiesti
obbligatoriamente ai fini del procedimento. Gli stessi, trattati anche con strumenti
informatici, non saranno diffusi ma potranno essere comunicati soltanto ai soggetti
pubblici per eventuale seguito di competenza. L'interessato potrà esercitare i diritti di
cui all'art. 7 del D. L.vo n. 196/03".

Data_____   **Firma**_____
(1) giorno dopo del parto

14.5. Autocertificazione di nascita del figlio (Art. 46 D.P.R. 445 del 28 dicembre 2000)

Io sottoscritto/a_____
                    (cognome)   (nome)
nato/a a_____(_____)

                    (luogo)   (provincia)
Il_____
            (data)
                        DICHIARO
che il/la figlio/a_____
                    (cognome)   (nome)
è nato/a a_____ (_____)
                    (luogo)   (provincia)
Il_____
            (data)

"_l_ sottoscritt_ dichiar_ di essere informata, ai sensi e per gli effetti di cui all'art. 13 del D. L.vo n. 196/2003, che i dati personali, di cui alla presente istanza, sono richiesti obbligatoriamente ai fini del procedimento. Gli stessi, trattati anche con strumenti informatici, non saranno diffusi ma potranno essere comunicati soltanto ai soggetti pubblici per eventuale seguito di competenza. L'interessato potrà esercitare i diritti di cui all'art. 7 del D. L.vo n. 196/03".

_____   _____
(data)   (firma*)
* La firma non deve essere autenticata e la sottoscrizione non deve necessariamente avvenire alla presenza dell'impiegato dell'Ente che ha richiesto il certificato.
N.B. = La mancata accettazione da parte dei funzionari pubblici dell'autocertificazione, ove consentita dalla legge, costituisce violazione dei doveri d'ufficio.

14.6. Modello domanda di accredito figurativo, relativo ai periodi di congedo maternità al di fuori del rapporto di lavoro

All'Inpdap
sede provinciale di _____
per il tramite del Dirigente Scolastico
di _____

Oggetto: richiesta di accredito figurativo relativamente a periodi di congedo maternità al di fuori del rapporto di lavoro (art. 25, comma 2, dlgs. 26.3.2001 n. 151)

La sottoscritta _____
nata a _____ il_____, residente a
_____via/piazza_____
_____n° _____tel. _____cell.
_____matern_____
e-mail_____ collaboratore
scolastico/, , assistente amministrativo/ DSGA/ docente tempo determinato/ indeterminato in servizio presso_____

CHIEDE,
ai sensi dell'art. 25 del decreto legislativo 26 marzo 2001 n. 251, l'accredito figurativo per i periodi che corrispondono congedo di maternità al di fuori del rapporto di lavoro, relativi alla nascita del/della/dei/delle figlio/figlia/figli/figlie:
nome _____ cognome _____nato/a
a _____ il _____
periodo di congedo maternità dal _____ al

nome _____ cognome _____nato/a
a _____ il _____
periodo di congedo maternità dal _____ al

nome _____ cognome _____nato/a
a _____ il _____
periodo di congedo maternità dal _____ al

nome _____ cognome _____nato/a
a _____ il _____
periodo di congedo maternità dal _____ al

_____

"La sottoscritta dichiara di essere informata, ai sensi e per gli effetti di cui all'art. 13 del D. L.vo n. 196/2003, che i dati personali, di cui alla presente istanza, sono richiesti obbligatoriamente ai fini del procedimento. Gli stessi, trattati anche con strumenti informatici, non saranno diffusi ma potranno essere comunicati soltanto ai soggetti pubblici per eventuale seguito di competenza. L'interessato potrà esercitare i diritti di cui all'art. 7 del D. L.vo n. 196/03".

Data_____ Firma_____

14.7. Modello domanda interdizione per complicanze della gravidanza da presentare alla Direzione provinciale del Lavoro di competenza

Alla Direzione Provinciale del Lavoro
di _____

_____

La sottoscritta _____nata a _____ il
_____codice fiscale _____ domiciliata
a_____prov._____in
via_____telefono_____
_____e-mail_____dipendente
presso_____sito in _____ prov._____via
_____ settore lavorativo
Istruzione, impiegata come collaboratore scolastico/, , assistente amministrativo/ DSGA/ docente con rapporto di lavoro a tempo indeterminato/tempo determinato.

Premesso

che attualmente è in stato di gravidanza I – II – III – IV – V – VI – VII mese di gravidanza come da allegata certificazione e (*barrare l'ipotesi che interessa*)

☐ è affetta da gravi complicanze della gestazione, ovvero da preesistenti forme morbose che, si presume possano essere aggravate dallo stato di gravidanza (ipotesi prevista dal D. L.vo 151/2001, art.17, comma 2, lett. a);

☐ le condizioni di lavoro o ambientali sono pregiudizievoli alla salute propria e del bambino (ipotesi prevista dal D. L.vo 151/2001, art.17, comma 2, lett. b);

☐ attualmente è adibita al trasporto o sollevamento pesi, ovvero a lavori pericolosi o faticosi o insalubri, ovvero le condizioni di lavoro o ambientali sono pregiudizievoli alla propria salute (durante la gestazione e fino a sette mesi dopo il parto);

☐ non può essere spostata ad altre mansioni (ipotesi prevista dal D. L.vo 151/2001, art.17, comma 2, lett. c);

Chiede

di poter usufruire dei benefici previsti dal D. L.vo n.151/2001, art.17, comma 2, di cui alla lettera _____ con decorrenza dal

_____

A tal fine allega la seguente documentazione:
1. certificato medico redatto dal dott. ....…….......... in data …................, indicante anche diagnosi, prognosi e data presunta del parto
2. (eventuale) dichiarazione del datore di lavoro dalla quale risulta l'attività svolta dalla dipendente e l'impossibilità di essere spostata ad altre mansioni.

La sottoscritta dichiara di essere stata in servizio (ultimo giorno lavorativo senza contare ferie o malattia) fino al

_____

Fa presente che, dall'inizio della gravidanza, è stata assente per malattia per n._____ giorni e che ha già usufruito di analoghe autorizzazioni dal_____ al_____ .

Informa, che l' A.S.L. di appartenenza è la n. ……….. di ……….............…….……......

La sottoscritta comunica il domicilio presso il quale desidera venga effettuata l'eventuale visita medico-fiscale:

-via.. n.

…….. - ....e che il nominativo segnato sul campanello di càsa è il seguente

....

"La sottoscritta dichiara di essere informata, ai sensi e per gli effetti di cui all'art. 13 del D. L.vo n. 196/2003, che i dati personali, di cui alla presente istanza, sono richiesti obbligatoriamente ai fini del procedimento. Gli stessi, trattati anche con strumenti informatici, non saranno diffusi ma potranno essere comunicati soltanto ai soggetti pubblici per eventuale seguito di competenza. L'interessato potrà esercitare i diritti di cui all'art. 7 del D. L.vo n. 196/03".

Data_____ Firma_____

a) Copia dell'istanza con allegata la fotocopia della ricevuta dell'avvenuta presentazione all'ispettorato Provinciale del Lavoro, dovrà essere presentata all'istituzione scolastica.

14.8. Modello autocertificazione dello stato di servizio dichiarazione sostitutiva di certificazione

Il/la Sottoscritt_____nato/a
a_____il
_____codice fiscale_____residente
a_____ via_____n._-
_ consapevole delle sanzioni penali previste in caso di dichiarazione mendace dall'articolo 76 del D.P.R. 445/2000

DICHIARA

DI ESSERE DIPENDENTE DA_____
CON SEDE IN_____
DAL_____CON LA QUALIFICA DI_____
CON RAPPORTO A TEMPO:
INDETERMINATO
DETERMINATO DAL_____ AL_____
STAGIONALE DAL_____AL_____
ALTRE_____
ULTIMO GIORNO DI SERVIZIO_____
EVENTUALI MOTIVI DI ASSENZA _____
(Specificare eventuali periodi di assenza per ferie, malattia, aspettativa con o senza assegni ecc. tra la data in cui la lavoratrice ha prestato realmente servizio e quella di rilascio del certificato medico di diagnosi e prognosi).

"La sottoscritta dichiara di essere informata, ai sensi e per gli effetti di cui all'art. 13 del D. L.vo n. 196/2003, che i dati personali, di cui alla presente istanza, sono richiesti obbligatoriamente ai fini del procedimento. Gli stessi, trattati anche con strumenti informatici, non saranno diffusi ma potranno essere comunicati soltanto ai soggetti pubblici per eventuale seguito di competenza. L'interessato potrà esercitare i diritti di cui all'art. 7 del D. L.vo n. 196/03".

Firma_____

Documento_____
(allegare in fotocopia qualora la firma sia apposta in presenza del Funzionario incaricato)

Data_____   Il Funzionario_____

14.9. Modello delega alla presentazione della documentazione relativa alla richiesta d'interdizione anticipata dal lavoro

Alla Direzione Provinciale del Lavoro
di _____

_____

Oggetto: **Delega alla presentazione della documentazione relativa alla richiesta d'interdizione anticipata dal lavoro.**

La sottoscritta _____nata a
_____il _____
residente_____a_____via_____
domiciliata a _____via_____
telefono/fax_____

D E L E G A
Il/la Sig_____nato/a
a _____residente_____
via_____ ad
espletare le pratiche necessarie per l'astensione anticipata dal lavoro
ai sensi dell'art. 17 del D. lgs. 26/03/01 n.151.

Firma leggibile

_____

Data _____

Documento di riconoscimento:

_____

14.10. Modello autocertificazione dello stato di servizio prodotta dal delegato

DICHIARAZIONE SOSTITUTIVA DI CERTIFICAZIONE O ATTO NOTORIO
(ai sensi degli art. 46 e 47 del D.P.R. 445/2000)

Il/la Sottoscritt_____nato/a a_____il _____codice fiscale_____residente a_____ via_____n._- _ consapevole delle sanzioni penali previste in caso di dichiarazione mendace dall'articolo 76 del D.P.R. 445/2000 in ciò

DELEGATO
dalla signora_____in relazione di parentela di_____impedita per motivi di salute a presenziare presso codesto ufficio

DICHIARA

CHE LA DELEGANTE È DIPENDENTE DA_____
CON SEDE IN_____
DAL_____CON LA QUALIFICA DI_____
CON RAPPORTO A TEMPO:
INDETERMINATO
DETERMINATO DAL_____AL_____
STAGIONALE DAL_____AL_____
ALTRE_____
ULTIMO GIORNO DI SERVIZIO_____
EVENTUALI MOTIVI DI ASSENZA _____
(Specificare eventuali periodi di assenza per ferie, malattia, aspettativa con o senza assegni ecc. tra la data in cui la lavoratrice ha prestato realmente servizio e quella di rilascio del certificato medico di diagnosi e prognosi)

"_l_ sottoscritt_ dichiar_ di essere informata, ai sensi e per gli effetti di cui all'art. 13 del D. L.vo n. 196/2003, che i dati personali, di cui alla presente istanza, sono richiesti obbligatoriamente ai fini del procedimento. Gli stessi, trattati anche con strumenti informatici, non saranno diffusi ma potranno essere comunicati soltanto ai soggetti pubblici per eventuale seguito di competenza. L'interessato potrà esercitare i diritti di cui all'art. 7 del D. L.vo n. 196/03".

Firma_____

Documento_____

(allegare in fotocopia qualora la firma sia apposta in presenza del Funzionario incaricato)

Data_____   Il Funzionario_____

14.11. Modello domanda per usufruire dell'interdizione dal lavoro per gravi complicanze della gestazione da presenare al datore di lavoro

AL DIRIGENTE SCOLASTICO

_____

_____

La sottoscritta _____ nata a _____il _____ in servizio presso codesta istituzione scolastica in qualità di _____ con contratto a tempo indeterminato/determinato.

CHIEDE

di poter usufruire dell'interdizione dal lavoro per gravi complicanze della gestazione, prevista dall'art. 17 del D.L. 26 marzo 2001, n. 151 e successive modificazioni, a decorrere dal

_____.

A tal fine allega:

☐ copia del certificato medico di gravidanza;

☐ copia del certificato medico attestante le gravi complicanze della gestazione e il periodo di astensione dal lavoro;

☐ copia dell'istanza prodotta all'Ispettorato del Lavoro;

☐ copia della ricevuta di tale istanza, rilasciata dall'ispettorato del lavoro, con riserva di esibire, non appena possibile, il relativo provvedimento dell'ispettorato medesimo.

"La sottoscritta dichiara di essere informata, ai sensi e per gli effetti di cui all'art. 13 del D. L.vo n. 196/2003, che i dati personali, di cui alla presente istanza, sono richiesti obbligatoriamente ai fini del procedimento. Gli stessi, trattati anche con strumenti informatici, non saranno diffusi ma potranno essere comunicati soltanto ai soggetti pubblici per eventuale seguito di competenza. L'interessato potrà esercitare i diritti di cui all'art. 7 del D. L.vo n. 196/03".

Data_____ Firma_____

14.12. Domanda di accredito figurativo relativa a periodi interdizione al di fuori del rapporto di lavoro

All'Inpdap
sede provinciale di _____
per il tramite del dirigente scolastico
di _____

Oggetto: richiesta di accredito figurativo relativamente a periodi di interdizione al di fuori del rapporto di lavoro (art. 25, comma 2, dlgs. 26.3.2001 n. 151 ins)

La sottoscritta ....
nata a ....…........ il ...., residente a
.................................….................…........via/piazza.................
...   .   n°   ....,tel.
.............…..........… cell. ....…matern.....................
e-mail:...   collaboratore
scolastico/, , assistente amministrativo/ DSGA/ docente tempo determinato/ indeterminato in servizio presso........................

CHIEDE,
ai sensi dell'art. 25 del decreto legislativo 26 marzo 2001 n. 251, l'accredito figurativo per i periodi che corrispondono all'interdizione al di fuori del rapporto di lavoro, relativi alla nascita del/della/dei/delle figlio/figlia/figli/figlie:
nome .... cognome ....…......…........ nato/a
a ....…..................... il ....…......……..
periodo di interdizione per gravi complicanze maternità dal
............................…............. al ....….....................…........
nome .... cognome ....…......…........ nato/a
a ....…..................... il ....…......……..
periodo di interdizione per gravi complicanze maternità dal
............................…............. al ....….....................…........
nome .... cognome ....…......…........ nato/a
a ....…..................... il ....…......……..
periodo di interdizione per gravi complicanze maternità dal
............................…............. al ....….....................…........

nome ……….…………… cognome …………….....………. nato/a
a ………....………………… il ……….....………..
periodo di interdizione per gravi complicanze maternità dal
…………....……....………… al …………….....………...

"La sottoscritta dichiara di essere informata, ai sensi e per gli effetti di cui all'art. 13
del D. L.vo n. 196/2003, che i dati personali, di cui alla presente istanza, sono richiesti
obbligatoriamente ai fini del procedimento. Gli stessi, trattati anche con strumenti
informatici, non saranno diffusi ma potranno essere comunicati soltanto ai soggetti
pubblici per eventuale seguito di competenza. L'interessato potrà esercitare i diritti di
cui all'art. 7 del D. L.vo n. 196/03".

Data_____   **Firma**_____

14.13. Modello domanda interruzione della gravidanza oltre il 180° giorno richiesta congedo maternità post- parto

AL DIRIGENTE SCOLASTICO

_____

_____

La sottoscritta_____nata a

_____ il

_____residente a _____via

_____ n___telefono / fax /

cellulare_____

_____in servizio presso codesta istituzione scolastica in

qualità di_____a tempo_____ in

_____d.lgs 26 marzo 2001,n. 151 a decorrere

dal_____data   presunta

parto_____ (certificato in

vostro possesso) fa presente che   in data_____

successivamente al 180° giorno dall'inizio della gestazione è

avvenuta spontanea/terapeutica interruzione della gravidanza   e

petanto dal(1)_____

CHIEDE

Congedo maternità post-parto dal_____(data successiva

all'interruzione)

"La sottoscritta dichiara di essere informata, ai sensi e per gli effetti di cui all'art. 13 del D. L.vo n. 196/2003, che i dati personali, di cui alla presente istanza, sono richiesti obbligatoriamente ai fini del procedimento. Gli stessi, trattati anche con strumenti informatici, non saranno diffusi ma potranno essere comunicati soltanto ai soggetti pubblici per eventuale seguito di competenza. L'interessato potrà esercitare i diritti di cui all'art. 7 del D. L.vo n. 196/03".

Data_____   **Firma**_____

(1) giorno seguente dell'interruzione

14.14. Modello domanda interruzione della gravidanza prima del 180° giorno

AL DIRIGENTE SCOLASTICO

_____

_____

La sottoscritta_____nata a
_____ il
_____residente a _____via
_____ n___telefono / fax /
cellulare_____
_____in servizio presso codesta istituzione scolastica in
qualità di_____a tempo_____ in
_____d.lgs 26 marzo 2001,n. 151 a decorrere
dal_____data presunta
parto_____ (certificato in
vostro possesso fa presente che in data_____ è avvenuta
spontanea/terapeutica interruzione della gravidanza. Tale data risulta
essere antecedente al 180° giorno dall'inizio della gestazione e che
quindi per tale sia da ritenere dal_____
al_____ " malattia per gravidanza"
      Si allega certificato medico

"La sottoscritta dichiara di essere informata, ai sensi e per gli effetti di cui all'art. 13 del D. L.vo n. 196/2003, che i dati personali, di cui alla presente istanza, sono richiesti obbligatoriamente ai fini del procedimento. Gli stessi, trattati anche con strumenti informatici, non saranno diffusi ma potranno essere comunicati soltanto ai soggetti pubblici per eventuale seguito di competenza. L'interessato potrà esercitare i diritti di cui all'art. 7 del D. L.vo n. 196/03".

Data_____   **Firma**_____

89

14.15. Modello domanda parto prematuro

AL DIRIGENTE SCOLASTICO

_____

_____

La sottoscritta_____nata a
_____ il
_____residente a _____via
_____ n___telefono / fax /
cellulare_____
_____in servizio presso codesta istituzione scolastica in
qualità di_____a tempo_____ in
_____d.lgs. 26 marzo 2001,n. 151 a decorrere
dal_____data   presunta
parto_____ (certificato in
vostro possesso comunica che il parto è avvenuto in data anticipata
e più precisamente il _____ conseguentemente a
ciò

CHIEDE

L'aggiunta dei giorni non goduti prima del parto a quello di
maternità dovuti dopo il parto .

A tal fine:

Consapevole delle responsabilità e delle sanzioni penali stabilite
dalla legge per false attestazioni e mendaci dichiarazioni, sotto la sua
personale responsabilità (art. 76 D.P.R. n. 445/2000),

DICHIARA (art. 46 D.P.R. 28 dicembre 2000 n. 445)

-     che   il/la   figlio/a   di   nome   e
cognome_____è nato/a
_____ (prov. ....) il _____

"La sottoscritta dichiara di essere informata, ai sensi e per gli effetti di cui all'art. 13 del D. L.vo n. 196/2003, che i dati personali, di cui alla presente istanza, sono richiesti obbligatoriamente ai fini del procedimento. Gli stessi, trattati anche con strumenti informatici, non saranno diffusi ma potranno essere comunicati soltanto ai soggetti pubblici per eventuale seguito di competenza. L'interessato potrà esercitare i diritti di cui all'art. 7 del D. L.vo n. 196/03".

Data_____   **Firma**_____

14.16. Modello domanda parto prematuro figlio ricoverato

AL DIRIGENTE SCOLASTICO

_____

_____

La sottoscritta_____nata a

_____ il

_____residente a _____via

_____ n___telefono / fax /

cellulare_____

_____in servizio presso codesta istituzione scolastica in

qualità di_____a tempo_____ in

_____d.lgs 26 marzo 2001,n. 151 a decorrere

dal_____data_____presunta

parto_____ (certificato in

vostro possesso) fa presente che essendo il parto avvenuto in data

anticipata e più precisamente il _____ ed avendo

il bambino necessità di un periodo di degenza presso la struttura

ospedaliera_____

CHIEDE

che il periodo di congedo obbligatorio ante-parto non fruito venga
aggiunto al periodo post-parto e che il periodo post –parto decorra ,
dalla data di effettivo rientro a casa del nascituro ;
Si allega certificazione medica, dalla quale risulta che le condizioni
di salute della stessa consentono il rientro al lavoro e certificato
attestante la degenza in ospedale del figlio.

A tal fine:

Consapevole delle responsabilità e delle sanzioni penali stabilite
dalla legge per false attestazioni e mendaci dichiarazioni, sotto la sua
personale responsabilità (art. 76 D.P.R. n. 445/2000),

DICHIARA (art. 46 D.P.R. 28 dicembre 2000 n. 445)

- che il/la figlio/a di nome e cognome_____è nato/a _____ (prov. ....) il _____

"La sottoscritta dichiara di essere informata, ai sensi e per gli effetti di cui all'art. 13 del D. L.vo n. 196/2003, che i dati personali, di cui alla presente istanza, sono richiesti obbligatoriamente ai fini del procedimento. Gli stessi, trattati anche con strumenti informatici, non saranno diffusi ma potranno essere comunicati soltanto ai soggetti pubblici per eventuale seguito di competenza. L'interessato potrà esercitare i diritti di cui all'art. 7 del D. L.vo n. 196/03".

Data_____   **Firma**_____

14.17. Modello posticipo congedo maternità ante parto

AL DIRIGENTE SCOLASTICO

_____

_____

La sottoscritta _____ nata a
_____ il _____,in servizio presso codesta
istituzione scolastica in qualità di docente con contratto di
collaboratore scolastico/, , assistente amministrativo/ DSGA/
docente di scuola dell'infanzia/primaria/secondaria/primo
grado/secondo tempo determinato/ indeterminato in servizio presso
lavoro a tempo indeterminato/determinato di scuola
dell'infanzia/primaria/secondaria/primo grado/secondo grado
comunica che, iniziando il congedo per maternità, di cui all'art. 16
del d.lgs. 26/03/2001 n. 151, a decorrere dal
_____ in quanto la data presunta del parto è il
_____ intende fruire della facoltà prevista dall'art. 20
del d.lgs. 151/2001 quindi chiede di poter posticipare l'inizio del
congedo maternità ante-parto di un mese.
A tal fine allega:
· Il certificato medico di gravidanza (deve recare una data non
successiva alla fine del 7° mese ed attestare la compatibilità
dell'avanzato stato di gravidanza con la permanenza al lavoro fin dal
primo giorno dell'8° mese) in cui è indicata la seguente data
presunta del parto:_____;
· Il certificato di un medico specialista del Servizio sanitario
nazionale o con esso convenzionato e del medico competente ai fini
della prevenzione e tutela della salute nei luoghi di lavoro (dove
previsto) attestanti che tale opzione non arreca pregiudizio alla
salute mia e del nascituro, in particolare:(i certificati devono recare
una data non successiva alla fine del 7° mese):
1. l'assenza di patologie che comportino un rischio per la madre e il
nascituro;
2. l'assenza di un provvedimento di interdizione anticipata, ai sensi
dell'art. 17 del d.lgs. 26.3.2001 n. 151, o il venir meno delle cause
che hanno portato ad un precedente intervento di interdizione
anticipata;
3. l'assenza di rischi alla salute in considerazione delle mansioni,
dell'ambiente di lavoro, dell'orario di lavoro;

4. l' assenza di controindicazioni sia per la madre che per il nascituro circa le modalità di raggiungimento della scuola di servizio.

La sottoscritta fa presente che eventuali comunicazioni potranno essere effettuate al seguente indirizzo:_____
e-mail _____.

"La sottoscritta dichiara di essere informata, ai sensi e per gli effetti di cui all'art. 13 del D. L.vo n. 196/2003, che i dati personali, di cui alla presente istanza, sono richiesti obbligatoriamente ai fini del procedimento. Gli stessi, trattati anche con strumenti informatici, non saranno diffusi ma potranno essere comunicati soltanto ai soggetti pubblici per eventuale seguito di competenza. L'interessato potrà esercitare i diritti di cui all'art. 7 del D. L.vo n. 196/03".

Data_____ Firma_____

14.18. Istanza riduzione periodo flessibilità congedo maternità per fatti sopravvenuti

AL DIRIGENTE SCOLASTICO

_____

_____

La sottoscritta _____ nata a _____ il _____,in servizio presso codesta istituzione scolastica in qualità di docente con contratto di collaboratore scolastico/, , assistente amministrativo/ DSGA/ docente di scuola dell'infanzia/primaria/secondaria/primo grado/secondo tempo determinato/ indeterminato in servizio presso lavoro a tempo indeterminato/determinato di scuola dell'infanzia/primaria/secondaria/primo grado/secondo grado trovandosi all' 8° mese di gravidanza, e fruendo della facoltà prevista dall'art. 20 del D.L. 151/2001 posticipo maternità. Per gravi complicanze della gestazione chiede di sospendere il periodo di flessibilità dal_____

Allega alla presente:
□ copia del certificato medico di gravidanza attestante la data presunta del parto. ;
□ copia del certificato medico attestante le gravi complicanze della gestazione;

La sottoscritta fa presente che eventuali comunicazioni potranno essere effettuate al seguente indirizzo:_____
_____email: _____

"La sottoscritta dichiara di essere informata, ai sensi e per gli effetti di cui all'art. 13 del D. L.vo n. 196/2003, che i dati personali, di cui alla presente istanza, sono richiesti obbligatoriamente ai fini del procedimento. Gli stessi, trattati anche con strumenti informatici, non saranno diffusi ma potranno essere comunicati soltanto ai soggetti pubblici per eventuale seguito di competenza. L'interessato potrà esercitare i diritti di cui all'art. 7 del D. L.vo n. 196/03".

Data _____Firma _____

14.19. Comunicazione di astensione congedo maternità dopo l'ottavo mese

AL DIRIGENTE SCOLASTICO

_____

_____

La sottoscritta _____ nata a _____ il _____,in servizio presso codesta istituzione scolastica in qualità di docente con contratto di collaboratore scolastico/, assistente amministrativo/ DSGA/ docente di scuola dell'infanzia/primaria/secondaria/primo grado/secondo tempo determinato/ indeterminato in servizio presso lavoro a tempo indeterminato/determinato di scuola dell'infanzia/primaria/secondaria/primo grado/secondo grado trovandosi alla fine dell' 8° mese di gravidanza, chiede ai sensi del decreto legislativo 26 marzo 2001, n. 151, congedo di maternità dal _____ inoltre ricorda che il mese di congedo maternità ante - parto non goduto dovrà essere aggiunto al congedo maternità post parto .
Allega alla presente il certificato rilasciato dal dott _____il _____, attestante la data presunta del parto.

La sottoscritta fa presente che eventuali comunicazioni potranno essere effettuate al seguente indirizzo:_____
_____email: _____

"La sottoscritta dichiara di essere informata, ai sensi e per gli effetti di cui all'art. 13 del D. L.vo n. 196/2003, che i dati personali, di cui alla presente istanza, sono richiesti obbligatoriamente ai fini del procedimento. Gli stessi, trattati anche con strumenti informatici, non saranno diffusi ma potranno essere comunicati soltanto ai soggetti pubblici per eventuale seguito di competenza. L'interessato potrà esercitare i diritti di cui all'art. 7 del D. L.vo n. 196/03".

Data _____Firma _____

14.20. Istanza per concessione ferie

AL DIRIGENTE SCOLASTICO

_____

_____

La sottoscritta _____ nata a _____ il _____ in servizio presso codesta istituzione scolastica in qualità di docente di scuola con contratto di lavoro a tempo indeterminato/determinato in qualità di _____ essendosi assentata dal servizio per interdizione anticipata ovvero per maternità, a norma del d. lgs. 26/03/2001, n° 151, nei seguenti periodi:

dal_____ al_____
dal_____ al_____
dal_____ al_____
dal_____ al_____

e non avendo pertanto potuto chiedere né fruire delle ferie durante il periodo estivo dell'anno scolastico_____

C H I E D E

ai sensi dell'art. 13 comma 10 e dell'art. 19 nonché della della CM n. 2 del M. P.I. del 04/01/1973,

Docenti tempo indeterminato la concessione delle ferie non fruite, per l'anno scolastico successivo nei periodi di sospensione delle attività didattiche:

nel mese di _____ dal _____ al

_____

durante le vacanze natalizie dell'a.s. _____ dal _____ al _____
durante le vacanze pasquali dell'a.s. _____ dal _____ al _____

Docenti tempo determinato Il pagamento delle suddette ferie maturate e non godute causa risoluzione contratto obbligatoriamente ai fini del procedimento. Gli stessi, trattati anche con strumenti informatici, non saranno diffusi ma potranno essere comunicati soltanto ai soggetti pubblici per eventuale seguito di competenza. L'interessato potrà esercitare i diritti di cui all'art. 7 del D. L.vo n. 196/03".

Data_____   Firma_____

14.21. Modello domanda per usufruire di congedo parentale

AL DIRIGENTE SCOLASTICO

_____

_____

_l_sottoscritt__ _____nato
a _____ il
_____ in servizio presso codesta Scuola/Istituto in qualità
di _____essendo   madre/padre   del
bambino_____nato il _____
comunico che intendo assentarmi dal lavoro per congedo parentale,
ai sensi dell'art. 32 del d. lgs 26/03/01 n° 151 e successive
modificazioni,   per   il   periodo   dal   _____   al
_____(totale gg._____)
A tal fine dichiaro:
- che l'altro genitore _____nato a
  _____il _____non è lavoratore dipendente;
- è lavoratore dipendente da_____
che quindi il congedo parentale fino ad oggi fruito da entrambi noi
genitori (o da me solo sottoscritt__, quale unico affidatario del
minore) è relativo ai seguenti periodi:

			TOTALE PADRE		TOTALE MADRE	
Genitore (Padre o Madre)	dal	al	Mesi	Giorni	Mesi	Giorni
TOTALE PERIODI FRUITI DAL PADRE						
TOTALE PERIODI FRUITI DALLA MADRE						

"_l_ sottoscritt_ dichiar_ di essere informata, ai sensi e per gli effetti di cui all'art. 13
del D. L.vo n. 196/2003, che i dati personali, di cui alla presente istanza, sono richiesti
obbligatoriamente ai fini del procedimento. Gli stessi, trattati anche con strumenti
informatici, non saranno diffusi ma potranno essere comunicati soltanto ai soggetti

pubblici per eventuale seguito di competenza. L'interessato potrà esercitare i diritti di cui all'art. 7 del D. L.vo n. 196/03".

Data_____ Firma_____

Recapito:_____

_____

14.22. Modello domanda permessi retribuiti orari (allattamento)

AL DIRIGENTE SCOLASTICO

_____

_____

La sottoscritta _____nata a

_____ il _____ in servizio presso codesta Istituzione Scolastica in qualità di

_____ ,

con contratto di lavoro a tempo indeterminato/determinato nel far presente di aver partorito in data_____ ,

C H I E D E

di poter fruire, ai sensi dell'art. 39 del D.L.vo 26/03/2001, n° 151, e successive modificazioni dei permessi per allattamento, da concordare, per __l/la figlio/a _____,

nat__ il _____

A tal fine, la sottoscritta allega:

- certificato di nascita del ___figli___;
- dichiarazione di rinuncia del coniuge ai riposi di cui trattasi;
- che il coniuge è/non è lavoratore dipendente;
- dichiarazione resa ai sensi dell'art. 47 del DPR 28/12/2000, n° 445, che il coniuge non è in congedo nello stesso periodo e per il medesimo motivo.

"La sottoscritta dichiara di essere informata, ai sensi e per gli effetti di cui all'art. 13 del D. L.vo n. 196/2003, che i dati personali, di cui alla presente istanza, sono richiesti obbligatoriamente ai fini del procedimento. Gli stessi, trattati anche con strumenti informatici, non saranno diffusi ma potranno essere comunicati soltanto ai soggetti pubblici per eventuale seguito di competenza. L'interessato potrà esercitare i diritti di cui all'art. 7 del D. L.vo n. 196/03".

Data_____ Firma_____

Recapito:_____

_____

14.23. Modello domanda di permesso retribuito per assistere familiare portatore di handicap

AL DIRIGENTE SCOLASTICO

_____

_____

Oggetto: Domanda di permesso retribuito per assistenza familiare portatore di handicap

_ l _ sottoscritt_ _____
nat_ il ___/ ___/____ a _____
prov . (___) in servizio presso codesta Istituzione Scolastica ,
in qualità di _____ con
contratto di lavoro a tempo indeterminato / determinato.
CHIEDE
In applicazione dell'art. 33 della Legge 5/2/1992 , n. 104 , come modificato dall'art. 21 del D.L. 27/8/1993 , n. 324 , convertito con modificazioni in Legge 27/10/1993, n. 423 , nonché dall'art. 3 comma 38, della Legge 24/12/1993, n. 537 e dall'art. 20 della legge 8/3/2000 , n. 53, giorni n. _____ di **PERMESSO RETRIBUITO** per assistere il proprio familiare

_____ , portatore di **handicap grave**, come da documentazione acquisita al proprio fascicolo personale , da fruire ne ____ seguent ___ giorn ___ :

dal ___/ ___/ ____ **al** ___/ ___/ ____

"_ l _ sottoscritt_ dichiara di essere informata, ai sensi e per gli effetti di cui all'art. 13 del D. L.vo n. 196/2003, che i dati personali, di cui alla presente istanza, sono richiesti obbligatoriamente ai fini del procedimento. Gli stessi, trattati anche con strumenti informatici, non saranno diffusi ma potranno essere comunicati soltanto ai soggetti pubblici per eventuale seguito di competenza. L'interessato potrà esercitare i diritti di cui all'art. 7 del D. L.vo n. 196/03".

Data_____ Firma_____

14.24. Modello domanda richiesta congedo biennale ai sensi dell'art.80 Legge n. 338 del 23/12/2000

AL DIRIGENTE SCOLASTICO

_____

_____

Oggetto: richiesta congedo biennale per assistenza persona in situazione di handicap

_ l _ sottoscritt_ _____
nat_ il ___ / ___ /_____ a _____
prov . (___) in servizio presso codesta Istituzione Scolastica , in qualità di _____ con contratto di lavoro a tempo indeterminato

COMUNICA

Che il proprio figlio _____
nato a _____ il _____ è portatore di handicap grave che necessità di assistenza permanente, continuativa e globale, ai sensi della legge n° 104/1992. Consapevole delle sanzioni di legge per le dichiarazioni mendaci ,
DICHIARA

Che da parte del proprio coniuge Sig._____ non vi è contemporaneità di fruizione del congedo.

Che in precedenza non ha fruito del congedo ovvero di aver fruito dei seguenti periodi nell'ambito dello stesso o di altro precedente rapporto di lavoro:
dal _____ al _____ ; dal _____ al _____ ;
dal _____ al _____ ;
dal _____ al _____ ; dal _____ al _____ ;
dal _____ al _____ ;

CHIEDE

Pertanto, ai sensi dell'art. 80 della legge n° 338 del 23/12/2000, di usufruire di un periodo di congedo dal _____ al
_____ .

Si allega:

> Copia fotostatica autenticata del certificato attestante l'handicap rilasciato dalla competente commissione medica legge 104/1992 operante presso l'ASL
> Certificato di nascita del bambino (o autocertificazione)
> Autodichiarazione rilasciata dal coniuge di non aver fruito del congedo ovvero attestante i periodi di congedo fruiti.

"_l_ sottoscritt_ dichiara di essere informata, ai sensi e per gli effetti di cui all'art. 13 del D. L.vo n. 196/2003, che i dati personali, di cui alla presente istanza, sono richiesti obbligatoriamente ai fini del procedimento. Gli stessi, trattati anche con strumenti informatici, non saranno diffusi ma potranno essere comunicati soltanto ai soggetti pubblici per eventuale seguito di competenza. L'interessato potrà esercitare i diritti di cui all'art. 7 del D. L.vo n. 196/03".

Data_____ Firma_____

14.25. Modello domanda di congedo per malattia figlio

AL DIRIGENTE SCOLASTICO

_____

_____

Io sottoscritto_____, nato/a
a _____il _____ in servizio
presso codesta_____ in qualità
di_____, comunico che
intendo assentarmi dal lavoro per malattia del bambino, ai sensi
dell'art. 7 della legge 30/12/1971 n. 1204, come modificato dall'art.3
della legge n. 53 dell'8 marzo 2000, quale genitore di
_____nato il _____per
il periodo dal _____ al _____(totale giorni _____.),
come da certificato di malattia rilasciato
da_____

A tal fine dichiaro, ai sensi dell'art. 4 della legge 04/01/1968 n. 15,
che l'altro genitore._____ nato a
_____.il _____, nello stesso
periodo non è in astensione dal lavoro per lo stesso motivo, perché
(*):

☐ non è lavoratore dipendente;

☐ pur essendo lavoratore dipendente da (*indicare con
esattezza il datore di lavoro dell'altro genitore e
l'indirizzo della sede di
servizio)*_____, non intende
usufruire dell'assenza dal lavoro per il motivo suddetto.

"_ l _ sottoscritt_ dichiara di essere informata, ai sensi e per gli effetti di cui all'art.
13 del D. L.vo n. 196/2003, che i dati personali, di cui alla presente istanza, sono
richiesti obbligatoriamente ai fini del procedimento. Gli stessi, trattati anche con
strumenti informatici, non saranno diffusi ma potranno essere comunicati soltanto ai
soggetti pubblici per eventuale seguito di competenza. L'interessato potrà esercitare i
diritti di cui all'art. 7 del D. L.vo n. 196/03".

106

Data_____ Firma_____

(Conferma dell'altro genitore)

Io sottoscritto,..., ai sensi dell'art.4 della legge n. 15/1968, confermo la suddetta dichiarazione del Sig..

Data_____ Firma_____

(*) barrare con una crocetta quella delle due opzioni che interessa